KB211901

# 사랑하기
## 좋은 날

# 사랑하기 좋은 날

김지윤 지음

**1판 1쇄 발행** 2011. 2. 14. | **1판 11쇄 발행** 2015. 12. 30. | **발행처** 포이에마 | **발행인** 김강유 | **편집** 박진희 | **디자인** 정지현 | **등록번호** 제300-2006-190호 | **등록일자** 2006. 10. 16. | 서울특별시 종로구 북촌로 63-3 우편번호110-260 | 마케팅부 02)3668-3260, 편집부 02)730-8648, 팩시밀리 02)745-4827

# 사랑하기 좋은 날

김지윤 지음

포이에마
POIEMA

아름다운 당신에게

수많은 기회를 놓치지 않을 용기 한 줌을 드립니다.

## 차례

언젠가부터 나는 이 노래를 부르며 봄날을 만끽하곤 했다. "봄이 오면 산에 들에 진달래 피네. 진달래 피는 곳에 내 마음도 피어 건넛마을 젊은 처자 꽃 따러 오거든 꽃만 말고 이 마음도 함께 따가주." 그러다 문득, 노랫가사와 함께 엉뚱한 상상 한 토막이 머릿속에 펼쳐졌다. 노래를 들은 건넛마을 처자 하나가 부리나케 진달래 피는 곳으로 달려갔으나, 총각은 간발의 차이로 먼저 도착한 처자에게 장가를 갔더라는 가슴 아픈 이야기 말이다.

또 다른 이야기도 있다. 총각의 노래를 듣고, 진달래는 물론이요 네 마음도 따주겠노라며 전국 방방곡곡에서 달려온 처자들이 인산인해를 이룬 것이다. 진달래 옆에서 아무 생각 없이 해맑게 노래하고 있던 총각이 달려드는 처자들을 보고 너무 당황한 나머지 돌로 변했다는 이야기가 또 내 머릿속에 펼쳐졌다. 돌로 변한 그 총각은 오늘도 어느 산자락엔가 비바람을 맞으며 서 있겠지…. 상상의 끝자락에서 나는 이 안타까운 봄처녀들이 영락없이 교회 안에 넘쳐나는 올드미스들의 모습과 같다고 생각했다.

교회 안 올드미스들의 '결혼'에 관한 고민은 더 이상 한 개인의 문제가 아니다. 교회 전체가 함께 고민하고 도와야 하는 중요한 과제가 된 것이다. 하지만 교회는 그녀들의 고민 앞에, 믿음의 배우자를 만나기 위한 기도와 향방을 알 수 없는 기다림만을 궁색한 해답으로 내밀 뿐이다. 그녀들은 헌신이라는 명목 아래 데이트 한번 못하고 교회 안의 온갖 모임에 토요일 저녁을 바치며 피부 좋은 시절을 다 보냈다. 결혼은 결국 혼자 해결해야 하는 문제로 남았다.

언젠가 한 자매가 기도와 다이어트 외에 무엇을 더 해야 결혼할 수 있느냐고 물어온 적이 있다. 그 질문에 대답하기 위해 나는 이 책을 쓰게 되었다. 결혼과 연애를 하기 위해 어떤 일을 해야 하는지 실제적 도움을 담으려고 애썼다. 그래서 이 책에서 가끔 남자들이 부정적으로 묘사되곤 한다. 여자들의 입장에서 이야기가 펼쳐지다보니 그런 것이니 책을 읽으시는 형제들이 오해하지 않았으면 좋겠다.

이 책의 소소한 이야기들이 충성스러운 여종이자 한 알의 밀알로 썩어가는 자매들에게, 또 인생의 꽃 같은 시기를 주님께 다발로 드리고 있는 올드미스들에게 위로가 되었으면 좋겠다. 그리고 그녀들이 외로움을 끝내고 사랑을 얻는 전환점을 맞이하는 데 도움을 주는 도구가 되기를 바란다.

• 본문 곳곳에 등장하는 그, 또는 그녀의 이름은 모두 가명을 사용했음을 미리 밝힌다.

당신을
사랑할 수 없도록
만드는 것들

# 1

한없이 나를

작아지게 하는 단어,

연애

# 그녀의
# 이름은
# 싱글

남들에게는 쉬워 보이는 결혼이 내게는
풀기 어려운 숙제였다.

수험생들은 "공부 잘하고 있지? 너 몇 등급이지?"라는 말을 가장 듣기 싫어하고, 며느리들은 "얘, 하루 더 자고 가라"는 시어머니의 말을 가장 듣기 싫어하며, 노처녀는 "시집가야지. 눈이 너무 높은 거 아니니?"라는 말을 가장 듣기 싫어한다는 우스갯소리를 들은 적이 있다. 나도 이십 대 중반을 넘기고부터 명절 때마다 매번 듣는 "애인은 있냐, 시집은 언제 갈 거냐"는 말에 엄청난 스트레스를 받았다. 겉으로야 빙그레 웃으며 "그러게요, 이제 가야죠"라고 대답했지만 가슴속 깊은 곳에서는 '아니, 시집은 혼자 가냐구요! 다른 질문도 좀 해주세요!'라는 말이 화산 속에 들끓는 마그마처럼 솟구쳤다.

이런 대화들이 3년쯤 반복되자 무심코 던진 돌에 개구리가 맞아

죽듯 "시집 안 가냐"는 사람들의 말에 마음이 조금씩 멍들어갔다. 왜 언니들이 명절이면 온갖 핑계를 대고 고향에 내려가지 않으며, 친척들이 방문하면 집에 들어가지도 못하고 극장가를 배회하는지 이해하기 시작했다.

칭찬도 한두 번이면 지겨운데, '시집 안 가냐'는 말은 정말이지 마음을 지치게 한다. 요즘 꽃다운 이십 대 초중반에 결혼하는 여인네들은 그리 많지 않다. 올드미스 현상은 비단 나만의 일이 아니라 한국을 넘어 자본주의 국가에서 이슈가 되는 일이다. 그런데 사람들이 마치 내게 문제가 있어서 시집을 못 가는 것처럼 몰아붙일 때 여간 심기 불편한 게 아니다.

### 나도 결혼하고 싶다구요!

교회 안에서는 어떤가. 주일이 되면 친구들과 함께 다발로 묶여서 결혼 안 하느냐는 구박을 당해 기분이 상했던 적이 한두 번이 아니었다. 이십 대 초반에 시집가서 떡두꺼비 같은 아들을 낳은 친구의 엄마에게 "너네도 이제 시집가야지. 언제까지 그러고 있을래"라는 걱정을 들어야 했다. 어떤 집사님은 대놓고 혀를 차며 "결혼정보 회사에라도 등록해라. 근데 니들 레벨이 얼마나 될진 모르겠다"라고 말씀하실 정도였다.

한번은 누구의 기획인지는 모르겠으나 급작스럽게 열린 〈이삭과 리브가〉라는 캠프에 어쩔 수 없이 참석한 적이 있었다. 휴일에 억지로 끌려가 자리를 채우고 앉아 헬륨풍선 가스를 한껏 들이마시고는 "안녕하세요, 저는 김지윤이라고 합니다"라고 우스꽝스러운 목소리로 자기소개를 해야 하는 어처구니없는 일을 겪기도 했다(만남의 자리에서 여자에게 헬륨가스가 다 무엇인가).

주보에는 한 주가 멀다 하고 결혼소식이 실리는데, 남들에게는 쉬워 보이는 결혼이 내게는 왜 이리도 풀기 어려운 숙제가 되었는지 답답할 뿐이었다. 어릴 때는 어른이 되면 별 노력하지 않아도 시집가고, 장가가고, 아이 낳고, 다 그렇게 살게 되는 줄만 알았다. 하지만 전혀 그렇지 않았다.

### 왜 여전히 나는 혼자인 걸까

물론 싱글의 시간은 많은 유익을 가져다준다. 돌아보면 많이 외롭고 서러웠지만, 오랜 싱글의 시간은 내게 참 많은 유익을 가져다주었다. 분명 결혼이 늦어졌기 때문에 받게 된 선물이 있다. 일찍 결혼했다면 누리지 못했을 많은 경험과 시간과 자유로움이 있다. 혼자 여행을 한다거나 딸린 식구에 대한 걱정 없이 많은 에너지가 요구되는 큰 프로젝트에 과감히 도전할 수 있다. 취미생활을 자유롭게 한다거나, 아이와 집 안에 머무는 대신에 새로운 사람들을 만나며 폭넓은 관계들을 경험한다. 사회생활을 통해 일에 대한 성취감도 맛본다. 그리고 무엇보다 고독이 깊어지면서 하나님과의 관계도 깊어지고 자신에 대한 통찰력도 생긴다.

일찍 결혼을 한 여성들이 남편 내조와 자녀 양육을 통해 인생을 배워간다면, 올드미스들은 고독 속에서 자신을 만나고, 사회생활을 해가면서 인생을 배우고 성장한다. 그리고 또 하나 유익한 것은 자신을 알아가면서 좀 더 좋은 남자를 알아볼 수 있는 눈이 생긴다는 것이다.

내가 만약 이십 대 초중반에 결혼했더라면 그 생활이 불행에 가까웠으리라는 예상을 어렵지 않게 해본다. 객관적으로 생각했을 때 그 시절, 내가 어떤 사람인지 어떤 남자가 필요한지 전혀 정리가 되지 않았다. 결혼이 무엇인지, 감이 전혀 없었고 '사랑'이라는 두 글자와 '결혼'을 동일시했다.

그 당시에 내가 연애든 결혼이든 그 실체를 직면했다면 실망이 컸을 것이고 욕구불만이 큰 만큼 상대를 괴롭혔을 것이다. 그래서 상대는 나로 인해 힘들어하고 우리는 불행했을 것이다. 불행하지 않았을지라도 행복을 얻기 위해 부단히 노력해야 하지 않았을까 싶다. 내 후배 한 명도 이런 고백을 했다. "나이가 들면서 남자 보는 눈이 완전히 바뀌었어요. 그때 그 눈으로 골랐으면 어쩔 뻔했을까요? 지금이라도 정신이 들어 정말 다행이에요."

이처럼 싱글의 유익이 많음에도 그녀들은 결혼을 원한다. 그것이 현실이었다. 오랜 시간 연애를 못하는 나 자신을 보면서 또 주변에 노처녀 언니와 친구, 후배 들을 보면서 왜 우리는 결혼이 잘 되지 않는 것일까 고민이 많았다.

정리해보니, 모든 케이스에 다 적용할 수 있는 것은 아니겠지만 싱

왜 여전히 나는 혼자인 걸까

글의 이유에는 크게 두 가지 경우가 있었다. 하나는 하나님이 어떤 이유에서든지 때를 허락하지 않으신 경우이고, 다른 하나는 자신의 연약함이나 한계가 걸림돌이 된 경우이다. 후자의 경우는 하나님도 그녀가 결혼하기 원하시고, 주변에서도 너무 원하고, 본인조차도 간절히 결혼을 원하지만 잘 안 풀리는 경우이다. 전자의 경우는 시간이 지나면 대부분 결혼을 하게 되지만, 후자의 경우는 본인이 스스로 인지하고 노력하지 않는 한 누군가를 만나기 힘들지도 모른다.

### 그 사람을 알기 전에

그녀들에게 대책 없는 기도와 기한 없는 기다림은 절대로 답이 아니다. 적어도 지금 이 싱글의 상황이 '부르심'이 아닌, 자기 안에 있는 연약함 때문이라면, 자신의 문제와 직면하는 것이 결혼으로 가는 좀 더 쉬운 길일 수 있다. 일종의 대책 세우기랄까. 정작 결혼이 안 되는 이유는 자신 안에 있는데, 그것을 알아차리지 못한다면 큰일이다. 그저 '하나님의 때가 아니니 열심히 기도하며 기다려야지'라는 순진한 생각을 한다면, 아마도 그녀의 기다림은 앞으로도 계속될 것이다. 너무 오랜 기다림을 친구 삼지 않고 결혼하기 원한다면, 결혼이 안 풀리는 원인이 내게 있는 것은 아닌지 용기 있게 자신을 돌아볼 줄 알아야 한다.

만약 결혼이 잘 안 풀리는 이유가 자신 안에 있는 상처, 욕심, 고집, 무지 등의 연약함 때문이었다는 판단이 든다면, 그것을 가지고 주님 앞에 나아가 치유받고 해결받기 위해 노력해야 한다. 눈물이 필요한 힘들고 어려운 과정일 것이다. 하지만 당신은 그 시간을 통해 성숙하고 성장하여 한 남자를 만나게 되었을 때 진짜 사랑할 줄 아는 멋지고 근사한 여자가 되어 있을 것이다.

아주 특별한 0.1퍼센트의 경우를 제외하고, 주님 앞에 진심으로 결혼하기를 원한다면 나는 분명 그 또는 그녀가 결혼할 것이라고 믿어 의심치 않는다. 그러나 진심으로 결혼하기를 바란다면, 결혼을 위해 자신을 냉정히 돌아보고 충성된 자들의 조언을 들으며 포기해야 할 것을 내려놓을 줄 알아야 한다. 그 말은 당신이 원하던 그림의 결혼이 아닌, 하나님이 주시는 결혼에 대한 그림을 받아들이겠다는 의지를 갖는 것을 의미한다.


전공은 짝사랑, 부전공은 외로움

어렸을 때 나는 집 앞 골목에서 돗자리를 깔아놓고 그 위에 우산을 덮어 집을 만들고, 그 안에 들어가 소꿉장난하는 것을 좋아했다. 빨간색 기왓장을 빻아 고춧가루를 만들고 잡초를 찧어 반찬을 만들며 노는 게 그렇게 재미있을 수가 없었다. 엄마놀이를 할 때부터 결혼에 관심이 많았고 그토록 결혼을 원했지만, 어느 누구보다도 연애와 결혼이 풀리지 않던 여자였다.

짝사랑이 전공이고, 고독이 부전공이었다. 찬란한 이십 대에 단 한 번도 대시를 받지 못한 채 처절하게 외로운 삶을 살았던 것이다. 그리고 그 문제가 무엇보다 내 안에 있다는 것을 겨우 인정했을 때는 벌써 쓰디쓴 서른이었다. 사랑을 위해, 결혼을 위해 고군분투했던 나의 이야기들이 나처럼 진정으로 원하지만 이상하게도 결혼이 안 풀리는 수많은 외로운 여성들에게 조금이나마 공감이 가고 도움이 되는 글이기를 바란다.

왜 교회 안에는 남자의 수가 이렇게 부족한 것이냐고,

왜 사람들은 보내줄 것도 아니면서 시집 안 가냐고 타박하느냐고,

너의 기도와 믿음이 부족한 것이 아니냐며 쪼아대느냐고 (벌써 40일 특새는 두 번이나 했다고),

남자들은 왜 나 같은 여자를 못 알아보느냐고,

그런 원망의 화살을 불특정다수에게 쏘아대며 현실을 우울하게 여기기보다, 시집가기 글렀다며 원하지도 않는 독신을 결심하는 척하기보다, 막무가내로 남편감 사냥에 나서기보다, 하나님 앞에서 '싱글의 유익'을 톡톡히 찾아먹으며 결혼을 위한 답을 발견해가는 올드미스들이 교회 안에 많아지기를 바란다.

그리고 이제 나의 이야기를 시작해볼까 한다.

당신이 원하던 그림이 아닌, 하나님이 주신 결혼
그것에 대한 의지

처절하게 외로웠던 만큼 내가 홀로인 이유도
점점 분명해졌다.


# 연애여 제발,
# 내 인생에
# 발을 들여놓아라


외롭다.

수없이 내뱉은 말이긴 하지만, 이십 대의 난 그리 외

롭지는 않았던 것 같다. 꽃 같은 날들은 가고, 더 이상은 귀여울 수도

풋풋할 수도 없는 이십 대 후반 그리고 삼십 대가 되어서야 나는 '외

롭다'는 단어가 진정 무슨 뜻인지 알게 되었다.

찬란했던 이십 대 초반에 하나님나라를 위해 열심히 뛰었다. 외롭

지 않았다. '하나님나라'는 애인이 없는 것에 대한 대의명분으로 삼

기에 충분했다. 그러나 대의명분의 구실이 점점 초라해지는 이십 대

후반으로 넘어갔는데도 여전히 난 혼자였다. 냉혹한 현실이지만 연

애라는 것에서 너무도 멀어져 있었다. 그것은 어색한 소원이자 어려

운 숙제, 미지의 세계가 되어버렸다.

어느 날, 사슴과 같은 눈망울과 간절한 목마름으로 J양에게 물었다.
"언니, 어떻게 하면 시집갈 수 있어?"

갓 시집을 간 J양은 두 눈에 행복을 그렁그렁 담고는 이렇게 말해주었다. "깊은 밤 외로움에 치를 떨며, 방바닥의 구들장을 팔 때까지 몸부림치면서 기도해봐. 아니면 눈물을 뚝뚝 흘리며 기도해. 그럼 시집갈 수 있어."

"구. 들. 장?"

잠시 끔찍한 한 장면이 머릿속을 스쳐 지나갔다. 깊은 밤, 바람에 창문이 덜컹거리는 집 안에서 이불을 뒤집어쓰고 괴로운 자태로 방바닥을 긁으며 기도하는 내 모습이 보인다. 눈물을 뚝뚝 흘리며 널브러져 있는 한 여인, 외로움에 데굴데굴 구르는 한 여인이 있으니…. 아니, 스톱! 상상은 이제 그만! 생각만 해도 머리털이 곤두선다.

"도대체 내가 무엇을 잘못했단 말인가!"

하나님나라를 위해 그리도 열심히 헌신했건만!

유관순만큼은 아니지만 그래도 절개 있게 부르심을 따르는 인생을 살아왔건만!

이런 나를 위해 준비된 것이 겨우 구들장이란 말인가!

도대체 내 님은 어디에 계신단 말인가!

단 한 명, 이 지구상 30억 남자 중에 단 한 명이면 되는데, 왜 그게 안 되냐 말이다.

## 넌 정말 짝사랑만 하게 생겼구나

그 당시 내게 한 가지 이슈가 있었는데 그건 바로 '짝사랑'이었다. 나는 대학 입학 시절부터 스물아홉 살이 될 때까지 연애다운 연애 한 번을 못해보고 주야장천 짝사랑만 해왔다. 연애가 그렇게까지 안 되기도 힘들 것이다. 곁에서 내 연애사의 굴곡을 지켜본 K군은 나에게 뭐 죄 지은 것 있느냐고 묻기까지 했다. 정말 죄가 떡하니 연애의 문턱을 막고 서 있는 걸까? 이유가 뭘까? 내게 무언가 문제가 있는 건 아닐까? 내게 여성적인 매력이 없나? 고민은 깊어갔고 출구는 보이지 않았다. 너무나도 어려운 문제였다.

그렇게 고민하기를 한 달여. 나는 한 현인을 만나게 된다. 나를 분석한 그분이 내게 말했다.

"넌 정말 짝사랑만 하게 생겼구나."

이게 웬 정확하기가 칼날 같은 분석이란 말인가! 그녀의 발 앞에 쓰러지듯 엎드려 바짓가랑이를 붙잡고 이제 나는 어떻게 하면 되는지를 절박하게 물었다. 현자의 충언인즉슨, '담이 너무 높다'는 것이다. 그 담이 차가운 외모이든, 자존심이든, 남자들이 쉽게 다가올 수 없는 아우라를 형성하고 살았던 것이다. 실상은 끝 간 데 없이 외로웠으면서도 남자들에게 다가갈 줄도, 그 필요를 지혜롭게 전달할 줄도 모르는 여자로 살고 있었다. 모처럼 기회가 찾아와도 그것을 기회로 만들 줄도 몰랐다.

예를 들면 이런 것이다. 평소에 좀 괜찮다고 생각했던 오빠에게 연락이 와서 함께 밥도 먹고 영화도 보았다. 그렇다면 나는 그 기회를 한껏 활용해야 했다. 얘기도 곰살맞게 하고, 눈웃음도 지어주고, 입맛에 맞지 않는 음식일지라도 오빠가 사주니까 정말 맛이 있다며 코맹맹이 소리도 내고, 영화가 좀 재미없어도 오빠랑 같이 영화를 보니 엄청나게 재미있다며 애교를 떨어야 했다. 물론 이런 말들을 노골적으로 쏟아내며 들이댈 수야 없지만, 표정과 몸짓과 언어로 나는 이런 감정들을 적절하게 표현하고 전달해야 했다. 그래서 그로 하여금 나와 데이트한 것에 대해 성취감을 주었어야 했다. 그러고는 무한한 가능성을 열어야 했건만 나는 정작이랬다.

실제상황

그다지 비싸지는 않지만 세련된 인테리어의 식당 안. 그도 나도 히레까스 정식을 시킨다.

그: (칭찬해주길 바라며) 어때? 여기 음식 괜찮다.
나: 네, 맛있네요. (살짝 웃으나, 표정 변화 거의 없음. 진짜 맛있다는 건지 예의상 맛있다는 건지 상대는 분간하기 어려움. 실제로는 침샘에서 침이 마구 샘솟고, 맛있어 죽겠음. 그러나 절대 겉으로 표현 안 됨.)

영화를 보고 난 후,
그: (즐거웠다는 말을 기대하며) 재밌었어?

나: 그냥 그렇네요. 근데 감독이 좀 이상한 것 같아요. (그와 나란히 앉아 있다는 것만으로도 내 생애 최고의 영화였음. 남자랑 얼마만에 보는 영화인가! 감정이 최고조에 달했으나, 역시 표현하지 못함. 그에게 아무런 마음도 전달되지 않음.)

## 연애 전, 버려야 할 것들

나는 자존심을 버려야 했다. 마음을 열고 나를 보여줘야 했다. 좋아하는 게 티 나면 어쩌지? 내가 이런 말을 하면 상대가 어떻게 생각할까? 내 이미지가 구겨지지 않을까? 나를 이상한 여자로 생각하면 어떻게 하지? 내가 굳이 말 안 해도 알 거야… 등의 생각과 자존심을 버리고 사랑을 필요로 하는 한 사람으로 자기를 표현해야 했다. 그저 한 인간으로서 솔직하게 사랑을 표현하고 받아들여야 했다. 내 안의 많은 두려움을 뛰어넘고, 스스로 방어하기보다 하나님에게 나의 보호를 의탁해야 했다.

그러나 난 그러지 못했다. 스스로 보호하려는 어리석은 시도를 멈추지 않는 한 길은 열리지 않을 것이 분명했다. 하나님나라의 뚱하기 그지없는 여전사에서 야들야들한 여인으로의 전환 모드가 필요했다. 그것은 매우 어려운 일이었지만 나를 바꾼다는 건 존재의 의미를 더욱 풍성히 알 수 있는 기회요 여성으로서 사랑받고 사랑하는 세계로 입문하는 과정이었다.

## 결혼, 완벽한 대안책일까

자존심과 더불어 나의 연애의 문을 닫고 있었던 문제가 하나 더 있었는데, 그것은 결혼이 나에게 일종의 우상이 된 것이다. 어릴 적 아버지의 보호 속에서 자라지 못했던 나는 예수님 같은 사람을 남편감으로 기다리고 있었다. 내 모든 서러움을 씻어주고 나를 사망의 음침한 골짜기에서 푸른 초장으로 인도해줄 수 있는 남자를 학수고대하고 있었던 것이다.

나의 슬프고 가련한 인생을 보상해줄 수 있는 완벽한 대안으로 '결혼'을 생각한 건 내 일생에서 가장 위대한 오해요 착각이었다. 하나님이 나를 행복하게 하시는 것이 아니라, 결혼과 배우자가 완전한 행복으로 이끌어줄 것이라는 착각이 나의 발목을 붙잡고 있었던 것이다. 그것은 우상이요 죄가 되어 마음을 가득 채웠다.

K군의 말이 맞았다. 연애가 그토록 안 풀렸던 이유는 내 안의 이런 죄들 때문이었다. 하나님은 당장이라도 내게 남자를 주실 수 있는 분이었다. 하지만 그분은 남자를 주시기 이전에 내 안의 죄된 감정과 먼저 대면하고, 그것을 하나님 앞에 가지고 나가기를 원하셨던 것이다. 결혼에 대한 욕심으로 가득해진 나는 하나님의 부르심을 올바로 분별할 수도 없고 어디가 길인지도 알지 못한 채 답답한 현실에 대한 원망만을 뿜어내고 있었다.

연애를 시작하기 위해서는 자기 객관화의 과정이 필요했다. 오랫동안 연애를 못했다는 자기연민에서 빠져나와 나의 걸림돌은 무엇인지를 면밀히 분석하는 총명함이 필요했다. 나의 문제는 여성성 결핍과 자존심이었고, 결혼을 우상화시킨 마음이었으며, 예수님 같은 남자를 기다리는 교만함이었다.

남자를 만나려면 눈을 낮추어야 한다는 말을 많이 들었다. 그러나 어느 날 이 말이 틀렸음을 알게 되었다. '눈이 높다'라는 말이 가지고 있는 의미는 내가 그 상대보다 무언가 나은 것이 있다는 것을 인정하는 뜻을 내포하고 있다. 그러나 나 자신을 돌아보면서 알게 된 건, 객관적으로 나는 그리 잘난 것이 없다는 것이다. 스스로 자랑스럽다고 여기는 것들은 내가 죄인으로서 한 사람을 사랑하고 사랑받는 것에 아무런 도움이 되지 않았다. 어떻게 죄인으로서, 무력하고 연약한 사랑을 할 수 밖에 없는 나로서, 어찌 감히 상대의 직업을 따지며 키와 외모와 어린 신앙을 탓할 수 있겠는가? 내가 가지고 있던 이상형에 대한 기준과 포기할 수 없다고 생각하는 기준은 사랑하고 싶은 나의 초라한 내면의 중심에 다다랐을 때 쓸데없는 것이었음을 알았다.

연애의 걸림돌은 내 안에 있는 빗장이었다. 연애가 내 인생에 발을 들여놓지 못했던 건 빗장을 풀지 않기 때문이다. 나의 연애사에는 예수님의 은혜가 필요했다. 자존심을 세울 수밖에 없고 감정을 표현하는 것에 둔감해진 나 자신에 대해, 약한 것을 강하게 하시는 예수님의 위로와 치료가 필요했다. 결혼이 마음의 우상이 된 내게는 회개와 용서의 은혜가 필요했다. 처절하게 외로웠던 만큼 내가 홀로인 이유도 점점 분명해졌다.

마음의 빗장을 여는 것은 너무도 두려운 일이었다. 나의 방법이 아닌 하나님의 방법으로 사는 것을 결단해야 하는 순간이었기 때문이다. 그러나 결정해야 했다. 평생 내 고집을 붙잡고 외로움만이 함께하는 인생을 살지, 내 안의 고집을 버리고 하나님이 주시는 새 세상을 맞이할지…. 나를 여는 과정은 사람들 앞에서 벌거벗은 것처럼 고통스럽고 아프고 수치스러운 일이었지만, 나는 자존심을 버리고 사랑을 구하는 삶을 선택하기로 결정했다.

이렇게 하나님에게 지지고 볶이며, 스물한 살부터 시작된 나의 외로움은 스물아홉 살까지 무려 9년 동안 무르익어 갔다. 그리고 그 시간동안 내 마음을 걸고 있었던 결혼을 우상화한 마음, 배우자에 대한 비현실적인 기대, 자존심, 교만이라는 빗장을 하나둘씩 열어갔다. 그리고 아주 활짝은 아니더라도 그 문들을 모두 열기 시작했을 때, 문밖에서 한 남자의 모습이 보이기 시작했다.

# 사랑은
# 핑크빛이
# 아니었다

세상에서 가장 행복한 여자로 만들어주기를
강요하고 있었다.

그 남자는 바로 지금의 내 남편이다. 문을 완전히 열고 나가, 이 남자를 애인으로 만나기까지는 2년여의 시간이 걸렸다. 내 마음의 빗장을 내려놓는 데 걸린 시간은 2년 6개월, 빗장을 열기 시작한 지 1년쯤 지나 준비되었다고 느꼈을 때도 주님은 별일을 하지 않으셨다. "주님, 저 이제 준비됐어요. 우상도 내려놓고 겸손해졌다고요!" 이렇게 보고한 지 1년이 넘어도 별 소식이 없으셨다. 그리고 마음이 가난해질 대로 가난해졌을 때, 그를 다시 만나게 되었다.

남편은 어릴 적 교회 친구였는데, 고3 무렵부터 만날 기회가 없었다. 그렇게 9년이 흐르고, 새로이 옮긴 교회에서 우연히 남편과 재회하게 되었다. 내가 기억하는 남편의 어릴 적 모습은 매일 기타를 치고 있는 모습이었다. 남편은 다른 사람들과 어울려 떡볶이를 먹으러 가지도 않고 유치하게 여자애들을 괴롭히지도 않았다. 오직 기타만 쳤다. 그리고 9년 뒤에 다시 만나게 되었을 때, 남편은 기타리스트가 되어 있었다. 9년을 함께하지 않았지만, 그 시간 동안 한 길을 걸어온 남편이 멋있게 느껴졌고, '괜찮다'라는 단어로 그를 마음에 새겼다.

### 봄날, 찾아온 줄 알았다

그리고 간절히 기도했다. "하나님, 현준이가 너무 괜찮아보여요."(기도와 함께한 나의 노력은 2장에서 들려주기로 하겠다.) 그리고 시간이 흘러 때가 되자 주님은 우리에게 한 가지 해프닝을 선물하셨고, 그 해프닝으로 인해 우리는 서로의 마음을 알게 되었다. 그리고 어느 해 봄날 저녁, 우리는 연인이 되어 있었다. 드디어 나도 대시라는 걸 받아본 것이다. 아, 이 얼마나 오랜 열망이었던가! 이제 외롭던 시간은 완전히 청산되는 것이었다.

예전 같았으면 만나보자는 그의 제안에 일단 기도해보자고, 많이 생각해본 거냐고, 좋으면서도 자존심을 지키고자 한 번 더 튕기는 수순을 밟았을지 모른다. 그러나 그때 내 마음은 거의 지하 10층까지 내려가 있었다. 나는 그의 제안을 1분도 머뭇거리지 않고 "예예!" 하며 받아들였다.

드디어 내게도 핑크빛 봄날이 펼쳐지는 것이다. 그 핑크빛 사랑 앞에 외롭고 서러웠던 모든 날들을 한 방에 날려버리리라! 나에게도 그토록 원하던 봄날이 찾아온 것이다. 적어도 그날 하룻밤 동안만큼은 사랑이 핑크빛이라 믿었고 그래서 행복할 수 있었다.

그러나 누가 사랑을 핑크빛이라 했던가! 그토록 오랫동안 기다리고 기대해왔던 사랑. 그것의 색깔은 결코 핑크빛이 아니었다.

연애를 시작하고 석 달 후, 나의 일기

현재 시간 밤 10시 37분. 그 남자에게서 전화가 오지 않는다. 퇴근중이라던 문자메시지가 온 게 6시, 집에 도착하면 7시 10분, 씻고 밥 먹고 한숨을 돌려도 9시 30분. 전화를 기다린 지 벌써 한 시간이 넘었다. 밥알을 세면서 먹는 것도 아닐 테고, 아니, 왜 전화를 안 하는 거야? 도대체 뭘 하고 있는 거지? 부모님이랑 얘기하나? TV 보나? 아님 게임 하나? 친구랑 전화하나? 아니, 무슨 남자가 연애한 지 석 달밖에 안 되었는데 이렇게 냉랭한 거야? 이해가 안 된다. 보고 싶으면 하지 말라고 때려 말려도 연락해야 하는 것 아닌가? 전화를 해봐? 아니지, 그건 아니지. 내가 왜? 제가 좋다고 대시를 했으면 제가 해야지. 자존심 상하게. 그래, 이 남자는 내 친구 J의 애인처럼 나를 열렬히 사랑하지 않는 게 분명해. 나의 사랑은 이토록 초라하고 외롭다니. 내가 매력이 없나? 뭐야 정말, 이 남자 왜 이리 헌신적이지 않은 거야?

부정적인 생각이 똬리를 틀기 시작한다. 마음이 점점 차가워진다.

사랑하기
좋은 날

결국 삐치고야 마는 나. 전화를 하든지 말든지 나는 불을 끄고 이불을
뒤집어쓰고 눕는다.

같은 시각 그의 일기

너무 피곤하다. 해도 해도 일이 끝나지 않는다. 오늘따라 길이 많이
막힌다. 겨우 집에 도착했다. 피곤해서 그런지 식욕도 별로 없다. 씻
을 기운도 없다. 잠시 널브러져 있다. 이제 그녀를 만나기 시작했으니
나도 일을 잘해나가야 할 텐데, 내가 누군가를 책임질 만큼 얼른 자리
를 잡을 수 있을까? 부담스러운 현실이지만 열심히 해야지. 잘 헤쳐나
가 봐야지. 그래야 그녀와 결혼도 할 테고…. 음, 귀여운 나의 그녀는
무얼 하고 있을까? 그녀가 웃는 모습은 정말 귀엽다. 월급을 타면 선
물이라도 하나 해줘야겠다. 좋아하겠지? 문자메시지나 하나 보낼까?
아니다. 음… 일단 급한 것부터 처리하고 전화를 하는 게 낫겠지. (…)
이 정도면 되겠지. 몇 시지? 헉! 벌써 한 시간 반이나 지났다. 얼른 전
화해야겠다. 인터넷 메신저 창이 깜박인다. 친한 친구 명수가 말을 건
다. 대답을 해야 하나, 순간 갈등한다. 명수야, 미안하다. 이제 귀여운
그녀의 목소리를 들어야겠다. 로그아웃을 해버리면 오해할 수 있으니
컴퓨터는 그대로 켜두고 전화기를 든다. 아, 드디어 그녀의 목소리를
듣는다.

PM 10:45 전화로 만난 그와 나

그: (다정하게) 나야. 뭐해?

나: (약간 뾰로통하게) 그냥 있어.

그: (계속 다정하게) 저녁 먹었어?

나: (계속 뾰로통하게) 그럼, 지금이 몇 신데!

그: 무슨 일 있었어? 목소리가 이상한데?

나: 아니야, 그냥 좀 피곤해서 그래.


우리들의 통화는 삐쳤으나 삐치지 않은 것처럼 위장하여 버티는 나로 인해 지지부진하게 흘러갔고, 나와 그의 통화는 알맹이 없는 내용으로 결국 마무리되고 만다.


통화 후, 나의 일기

어쩜 끝까지 내가 삐친 걸 눈치 못챌 수가 있어? 늦게 전화해놓고 달래주지도 않고…. 우울하고 슬프다. 연애가 뭐 이래. TV에서 보면 안 그렇던데….


그의 일기

그녀가 내 전화를 별로 반가워하지 않았다. 나랑 사귀기로 한 이후 별로 행복해하지 않는 것 같다. 좀 섭섭하다. 나도 힘들게 일하고 전화한 건데 내 일과는 물어봐주지도 않는다. 그녀도 피곤해서 그렇겠지….

그렇게 우리는 사랑이 핑크빛이 아니라는 걸 알아갔다. 그리고 나는 시간이 지나며 사랑이 핑크빛이 아닐 뿐만 아니라 잿빛으로 변해가는 것에 대한 모든 책임을 그에게 돌리기 시작했다. 바로 이런 식이었다. '우리의 사랑이 행복하지 않은 대부분의 원인은 그에게 있다. 내가 좀 잘 삐치기는 하지만 그건 그가 말을 섭섭하게 하기 때문이다. 그는 다른 사람처럼 다정하지도 않다. 이벤트란 꿈도 꿀 수 없다. 전화도 자주하지 않는다. 살뜰하게 챙겨주지도 않는다. 데이트도 매번 똑같고, 일이 바빠 나와의 관계에 별로 에너지를 쓰지 않는다. 내가 했던 말도 자꾸 잊어버리고 여자의 마음을 몰라도 너무 모른다. 데이트에 관한 책도 많이 있는데 그런 거라도 한번 읽어보지….'

### 기다린 만큼 기대하게 되는 연애

나는 누구를 기다리고 있던 걸까? 나를 공주로 모시는 백마 탄 왕자님? 어느 영화나 드라마에서 보고 마음속으로 점찍어두었던 다정하면서도 자기일은 똑부러지게 하는 훈남? 눈빛만 봐도 내 마음을 알아차리고 돌봐주는 초코파이 같은 남자? 그토록 원하던 연애를 시작했지만 행복하지 않았다. 무엇이 나를 갈등하게 하는 걸까?

난 만족스럽지 않았다. 오랜 시간을 기다려왔던 것만큼 사랑의 기대치는 높아져 있었다. 한 여자만을 죽도록 사랑했던 드라마 속 남자 주인공, 지인에게 들었던 감동적 러브스토리의 주역들, 이미 사랑의 많은 관문을 통과한 성숙한 부부의 이야기 속에 등장하던 인물 등이 내 기대를 만족시켰다. 지극히 유아적이고 이기적인 기대치를 가지고 있었던 거다. 주워듣고 보아왔던 이야기 속에서 만들어낸 남자였다. 어느 날 그 남자가 내 인생에 갑작스럽게 나타나 행복하게 해주기를 기대해왔던 것이다.

더 큰 문제는 내가 연애를 기다리며 사랑받을 것만을, 사랑을 받으면서 행복해질 것만을 상상해왔다는 것이었다. 연애라는 것이 사랑하는 과정이자 상처 받고 고통 받는 과정이라는 걸 몰랐다. 알았다고 해도 피상적으로 알았지 진실로 깨닫지는 못했던 것이다. 나는 사랑받을 것에만 집중했지 사랑하는 것에는 전혀 집중하지 않았다. 연애가 '사랑하는 것에 집중하는 것'이라는 개념 자체도 없었다. 내가 한 남자를 좋아하기 때문에 그 감정을 사랑이라고 느끼는 것과 실제로 한 존재를 사랑하는 것, 즉 고린도전서 13장에 나오는 능동적이고 이타적인 사랑을 하는 것은 전혀 다른 문제였다.

물론 나는 감정적으로 그 남자를 사랑하고 마음을 다해 열렬히 좋아했다. 그러나 그 사람을 사랑하지는 못했다. 여자도 남자를 적극적으로 사랑해줘야 한다는 것을 몰랐기 때문이다.

그도 언제나 줄 수만은 없다는 걸,

예쁘게 꾸민 나의 모습만이 그가 원하는 전부가 아니라는 걸,

외로운 그도 내 사랑이 필요하다는 걸,

그 사람도 상처 받는다는 걸 몰랐다. 모든 것을 가진 백마 탄 왕자가 아니라, 나의 관심과 배려, 따뜻한 말 한마디, 신뢰와 인정, 돌봄을

원하는 연약한 사람이라는 걸 몰랐다.

　그는 나를 향해 사랑을 갈망하는 존재였다. 그러나 나는 그런 그의
필요는 무시한 채, 백마 탄 왕자 역할이나 돌쇠 역할을 해주지 않는다
고 투정부리고 있었다. 나를 세상에서 가장 행복한 여자로 만들어주
기를, 나를 죽도록 사랑해주기를 강요하고 있었다. 왜 나를 행복하게
해주지 않는 거냐고 그의 영혼을 괴롭히고 있었던 것이다. 결국 사랑
을 받는 것에만 관심이 있었을 뿐 사랑하는 것을 몰랐던 나는 사랑의
'위기'를 맞이하고야 말았다.


　어느 날 그가 말했다

　"네가 그렇게 힘들다면 우리, 다시 생각해보자."

　뭐라고? 자기가 먼저 만나자더니 다시 생각해보자고? 지금 장난
해? 어이없는 그의 제안에 내 마음은 와르르 무너졌다. 그렇게 나는
벼랑 끝으로 외롭게 내몰리게 되었다. 위기에 봉착한 그녀의 사랑, 과
연 어찌될 것인가?

그날 난, 인생의 덜미를 잡았던 자존심을
지나가는 강아지에게 줬다.

그녀,
사랑 앞에
무릎 꿇다

아슬아슬하게 버티던 사랑은 극도의 위기에 다다랐다. 서러웠다. 9년간의 기다림 끝에 찾아온 사랑이 나를 너무나 초라하게 만들었다. 9년 만에 연애를 시작했는데 단 7개월 만에 다시 생각해보자는 말을 들어야 할 만큼 나는 별 볼일 없던 여자였던 것이다. 이것이 내 연애의 현실이었다. 처음에는 화가 났고 그다음에는 두려웠다가 곧 다시 슬퍼졌고 견디기 어려울 만큼 자존심이 상했다.

9년 만에 겨우 올라탄 배가 난파되기 일보직전이었다. 배가 난파된다면 나는 또 다시 외로움이라는 깊은 바닷속에 가라앉아 화석이 되고 말 것이다. '드디어 사랑이 찾아왔다고 믿었는데 이 사람이 아니란 말인가? 우린 아닌 건가? 까짓것 관둘까? 다시 생각해보자고? 자존심도 상하는데 그래 그만 보자고 쿨하게 차고 나가버려? 영화처럼 멋진 이별 장면 한번 만들어줘? 내가 스물여섯 살이었으면, 이 남자 벌써 끝내고도 남았다.' 내 안에 수많은 생각이 폭포수처럼 밀려들었고, 쉽사리 마음의 갈피를 잡지 못했다.

너무나 자존심이 상한 나머지 상상 속에서 그의 가슴에 콕 박힐 가슴 시린 이별의 말을 남기며 냉정히 떠나가기도 하고, 네가 어떻게 나한테 이럴 수 있느냐고 따지기도 했다. 그러다 사랑이 장난이냐며 억울함을 호소하기도 하고, 그동안 행복했노라고 그대를 잊지 못할 것이라고 눈물을 뿌리는 신파를 연출하기도 했다. 또 상상 속에서 다시 만나자고 애원하는 그의 구애를 못이기는 척 받아주기도 했다. 그리고 꼬리에 꼬리를 무는 쓸데없는 상상의 끝에서 나의 현 주소는 '사랑을 잃을 위기'라는 걸 받아들여야 했다.

만남을 다시 고려해보자는 그의 제안에 우리는 2주 동안 연락을 하지 않기로 했다. 일단 좀 떨어져서 서로에 대한 생각을 정리하고 기도하는 시간을 갖는 것이 미니이별의 취지였다. 당시 주변에는 나에게 도움의 손길을 주는 믿음의 현자들이 많았는데, 나의 이 상황을 알게 된 그들은 알고 있는 온갖 지식과 경험을 총동원하여 사랑의 위기에 처한 나를 뼛속까지 안타까워하면서 의견을 쏟아놓기 시작했다.


믿음의 현자 1: 뭐? 2주 동안 떨어져 있기로 했다고? 절대 안 돼. 무슨 2주 동안이나 기도한다고 헤어져 있어! 너, 그러다가 진짜 헤어진다.

다시, 내 사랑을 가꾸고 싶어

만나면서 극복해야지 떨어져 있는 건 좋은 방법이 아니야.

믿음의 현자 2: 떨어져 있다 보면 마음이 굳어져서 생각할수록 부정적인 것만 떠오를걸? 연락해서 일단 만나자고 해. 2주간 안 보기로 했는데 어떻게 그러느냐고? 그게 무슨 상관이야. 전화해서 만나. 네가 먼저 전화하란 말이야.

믿음의 현자 3: 네가 잘못했네. 연애를 시작했으면 사랑을 해야지 왜 사랑을 받으려고 해. 그 사람도 사랑받고 싶지 않겠어? 사랑을 해야지. 태도를 바꿔. 그 사람도 이번 위기를 넘기면서 또 사랑을 배우게 되겠지. 잘 넘기면 너희 둘에게 모두 좋은 기회가 될 거야.

믿음의 현자 4: 너 이번에 놓치면 시집 못 간다. 무조건 매달려. 잘못했다고 싹싹 빌어. 용기를 내. 한 번 용기 내고 좋은 사람 놓치지 마. 노력해서 결혼을 해야지.

믿음의 현자 5: 너, 이 사람이랑 결혼해야겠다. 너에게 휘둘리지 않고 자기 페이스 유지하는 것 쉽지 않아. 너한테 안 휘둘릴 사람이 어디 흔해?

믿음의 현자 6: 너 젖은 낙엽 알지? 비 온 다음 날 청소부 아저씨가 아무리 노력해도 바닥에 붙어 떨어지지 않는, 쓸어도 쓸어도 안 떨어지는 젖은 낙엽. 네 나이 적지 않아. 그냥 '나는 젖은 낙엽이다' 생각하고 꼭 붙어 있어.


폭탄처럼 쏟아지는 말들에 정신이 없었다. 아니, 왜 나에게만 뭐라고 하는 거야? 그를 만나본 사람은 아무도 없는데, 내 주위 현자들은 그의 편에 나란히 한 줄로 서서 내 가슴을 후벼 파는 말들을 쏟아내고 있었다. 그런가? 내가 정말 잘못한 건가?

사랑의 위기가 찾아온 건 그의 무심함과 냉정함 때문이라고 믿었는데, 그게 아니라 사랑에 관한 나의 태도 때문이었다니…. 처음에는 "믿음의 현자들이여, 그대들이 상황을 몰라서 그렇소!"라고 변명하고 모두를 내 편으로 만들고 싶었다. 하지만 그들의 말은 충언이었고, 바뀌어야 하는 건 나의 마음과 태도라는 걸 부정하기 어려웠다.

생각이 점점 정리되고, 뒤엉켜 있던 문제들이 명료해지기 시작하자 비로소 내가 매우 긴장해야 하는 상황임을 알게 되었다. '위기의 책임에 대한 점수판'의 스코어가 점점 그에게 우세해지기 시작했다. 모든 상황이 객관적으로 정리되었다. 내 마음에 자리 잡은 비현실적인 연애에 대한 기대로 이 세상에 단 하나밖에 없는 유일한 존재인 '그 사람'을 잃을 수 있는 처지에 놓였다는 걸 알게 되었다. 그 사실은 나를 매우 당황하게 했다.

그에게 먼저 전화를 걸어 일단 만나자고 한다? 전화기 너머의 그가 어떤 반응을 보일지 엄청나게 두려운 일이었다. 분명하고 냉정한 성격을 지닌 그가 아니던가. 내가 싸우다가 울기라도 하면 "침착하게 말을 잘 전달할 수 있을 때 다시 통화하자"며 눈물작전에도 말리지 않던 그가 아니던가! 그런 그의 성격을 아는 내가, 더욱이 자존심에 인생의 덜미를 잡힌 내가, 그에게 먼저 전화를 건다는 것은 상상할 수도 없는 일이었다.

그때 내가 극복해야 하는 단어는 '자존심'이었다. 그때 비로소 자존심을 버린다는 것이 추상의 의미가 아닌 현실이 되어 나를 옥죄어 왔다. 도망가고 싶었다. 그러나 사랑을 잃고 불행해지기보다는 자존심을 버리고 용기를 내는 게 더욱 현명한 선택이라는 걸 알았기에 나는 휴대폰을 꺼내 들었다. 용기를 내야 했다. 나의 연약함과 실수로 사랑을 잃고 싶지 않았다. 나의 못난 부분 때문에 그 사람을, 또 그 사람과 사랑할 가능성을 모두 잃는다는 건 심장을 도려내는 듯한 고통이었다.

결국 나는 전화를 했다. 카페에서 만난 우리는 마치 강을 사이에 두고 있는 사람들처럼 마음의 거리를 두고 서먹하게 앉아 있었다. 사람의 마음이 간사한지라 막상 그 앞에 앉아 있으려니 또 자존심이라는 단어가 솟아올라 나를 유혹했다. 그러나 다시금 믿음의 현자들의 충언이 귓가에 맴돌기 시작했다. 나는 이야기를 꺼냈다. "내가 잘못했어. 이제껏 사랑을 받으려고만 했지 사랑할 줄은 몰랐던 것 같아. 나의 정서적 욕구를 널 통해 채우려고만 했어. 나는 당신이 필요해. 다시 한 번 기회를 줘…."

세상에, 내가 남자 앞에서 이런 말을 하고 있다니, 이건 예수님이 살아 계시다는 증거와도 같았다. 그의 대답은 이랬다. "이제라도 알아서 다행이네. 네가 그것을 알게 되었다면, 지금 나와 헤어지고 다른 사람을 만나더라도 좀 더 아름답게 사랑할 수 있을 거야. 그러나 지금 대답해줄 수는 없어. 2주를 약속했으니 2주 후에 다시 만나서 이야기하자. 내가 정말 너에게 맞는 배우자인지 다시 한 번 잘 생각해 봐. 나는 네가 원하는 만큼 다정하지도 않고 데이트 시간을 많이 낼 수도 없어. 정서적으로나 시간적으로 너를 만족시킬 수 있는 사람 대신 정말 내가 괜찮은지 다시 생각해봐."

### 나와 함께할 그는 어떤 사람일까

내가 맹목적으로 이 사람만을 고집하고 있는 건가? 보통의 자매들에게 이상형을 물으면 흔히 이렇게 대답한다. "자상하고 온유하고 믿음 있는 남자요." 나도 그랬다. 그런데 이건 형제들이 "그냥 착하고 귀엽거나 예쁜 여자면 좋아요"라고 말하는 것과 다를 게 없다. 배우자 선택에 기준이 없었던 나는 어느 선배를 통해 '자신에게 적합한 배우자를 선택하려면 개인의 고유한 필요를 맞출 수 있는 상대를 찾을 수 있는 눈을 가져야 한다'는 것을 배웠다. 모든 사람에게는 고유한 '메인 니즈main needs'가 있다. 이것은 각자의 성장배경 속에서 오랜 시간 형성되어온 것이고, 자신에 대해 통찰을 가지고 검토해봐야 알 수 있는 것이다. 당시엔 나 역시도 '자상하고 잘 챙겨주는 남자'라는 피상적인 배우자상을 갖고 있었다. 어떠한 이유에서든지 자신의 메인 니즈를 채울 수 있는 상대를 선택하지 못한다는 건 매우 불행한 일이다. 마치 기나긴 겨울을 견딜 옷으로 오리털 점퍼 대신 꽃무늬 스카프를 선택하는 현상과 같다. 자신에게 필요한 건 추위를 버텨줄 오리털 점퍼인데, 투박하고 멋스럽지 않고 매력적이지 않다는 이유로 엄동설한에 예쁘고 보기 좋은 꽃무늬 스카프만 목에 두른 사람은 너무나 춥고 불행할 것이다.

나는 아버지의 사랑을 받지 못했기 때문에 그저 따뜻한 남자면 끌렸고 잘해주는 남자가 좋았다. 그러나 나중에 알게 된 건 내게 자상하고 따뜻한 사람이 필요한 것이 아니라, 책임감 있는 사람이 필요했던 것이다. 나의 메인 니즈는 자상함이 아니라 책임감이었다. 그는 내가 원하는 만큼 자상하지도, 사랑 표현을 해주지도, 이벤트를 해주지도, 나를 공주님처럼 대해주지도 않았지만 책임감이 강하고 성실했다. 나는 2주간의 고민 끝에 그의 가치를 선택하기로 했다.

### 몹쓸 자존심을 버리다

그리고 약속한 2주가 되던 날, 우리는 2시간여의 길고 긴장되고 두렵기도 했던 대화 끝에 다시 손을 잡았다. 다시 사랑을 가꿀 일이 남았다. 그날 난 인생의 덜미를 잡았던 자존심을 지나가는 강아지에게 줬다. 철저하게 자존심을 버리고 나의 메인 니즈를 선택한 대가로 사랑과 행복을 얻었다.

나의 미니이별 스토리를 이야기해줄 때면 주변의 많은 싱글 자매들이 이런 말을 하곤 한다. "우리가 이렇게까지 해서 시집을 가야 돼?" 그럴 때면 나는 언제나 "응, 네가 결혼을 원한다면 그렇게까지 해서라도 시집가야 돼"라고 말해준다.

당신이 결혼을 원하는 사람이라면, 그렇게까지 해서라도 시집을 가야 한다. 그건 자아가 성숙하는 과정이자, 깊었던 자기애를 버리는 가치 있는 일이기 때문이다. 그리고 그런 사랑은 우리를 행복하게 한다.

당신 안의 연약함이나 상처가 어떤 것이든지
복음은 그것보다 능력 있다.

그녀의
과거
우리들의
과거

그렇다면 나는 왜 이렇게 미로처럼 어려운 사랑의 길을 헤맸던 것일까. 그것은 우연의 결과물이 아니라 지나온 과거의 많은 경험과 관계들의 소산이기 때문이다. 자신이 걸어온 인생의 수많은 순간들과 이야기들은 그대로 쌓여 영향을 미친다.

나 같은 경우는 온전하지 못한 가정에서 자랐고, 예수님을 열심히 믿기로 선택하고 헌신하면서, 그 대가와 보상이 좋은 결혼이었으면 하는 기대가 있었다. 그 기대는 우상이 되어 내 마음을 가득 채웠다. 결혼이 욕망의 대상이 되어 하나님의 힘보다 더 커져버린 것이다.

하나님이 나를 사랑하신다면 좋은 남편은 당연히 상으로 주실 것이라고 생각했다. 그러나 당시 나는 현실적으로 좋은 남자를 만나기

사랑하기
좋은 날

어려운 상태였다.

### 내게 너무 어렵기만 한 '표현하기'

나는 아버지로 인해 남성에 대한 시각이 왜곡되어 있었기 때문에 남자와의 근거리 관계에서는 도망가기 일쑤였고, 남자를 깊이 신뢰하지 못했다. 게다가 출생의 비밀을 알게 된 시점부터는 그 슬픔을 표현하지 않고 마음을 닫아버린 채 성장해 감정이 굳어버렸다. 남자를 만나 기쁘고 좋아도 그 감정을 전혀 표현할 줄 모르는 목석이 되었다.

지금은 내가 생각해도 애교가 많은 편인데, 이십 대엔 정말 무뚝뚝했다. 지금의 남편을 만나고 나서도 "자기야"라는 말을 꺼내는 데 1년이라는 시간이 걸렸다. 지난 과거는 차곡차곡 쌓여 이런 나를 만들어가고 있었고 현재의 사랑에도 영향을 미쳤다. 급기야 나는 감정표현을 하지 않고 살고 있다는 것 자체를 인지하지 못하는 상태에 이르렀던 것이다. 감정과 말이 연결이 안 되는 상태, 속마음이 겉으로 표현되지 않는 상태라고 할 수 있다. 감정이 굳었기 때문에 무뚝뚝할 뿐, 속마음을 겉으로 잘 드러내지 못해서 데이트할 때도 상대를 재미없게 하고 당황스럽게 했다.

신혼 초에 이런 일이 있었다. 부부싸움을 하게 되었는데, 자고로 부부싸움의 묘미는 오고가며 말을 받아치는 공방전이 벌어지는 것에 있다. 그러나 나는 그러지 못했다. 남편의 말에 좀처럼 빨리 대답하지 못했다. 머릿속에서는 이 말 저 말이 떠올라 돌아다니기는 하는데 어느 단어를 잡아서 입 밖으로 내야 하는지 가슴만 답답하고 서러울 뿐 말이 나오지 않았다. 입을 닫은 나를 향한 남편의 분노게이지는 계속 상승했다. 하지만 나는 상대를 약 올리기 위해 일부러 입을 닫은 게 아니라 정말 말이 나오지 않았을 뿐이었다.

결국 남편의 인내심은 한계에 다다랐고 폭발할듯 화를 냈다. 너무나 답답했던 나는 상황이 거의 끝에 다다르자 "나는 말을 할 줄 몰라. 나는 말을 하고 산 적이 없어. 그래서 그래"라는 싸움의 핵심과는 상관없는 어이없는 말을 내뱉으며 아이처럼 엉엉 울어버렸다. 돌발적인 행동에 당황한 남편은 놀란 듯 말을 잃더니 애처롭다는 듯이 나를 한참이나 처다봤고 울음이 잦아들자 "왜 말을 못해. 그냥 하면 되지. 이제 말하고 살아"라는 말로 위로했다. 나는 무안하고 창피했지만 어쨌든 새벽 3시의 싸움은 어이없게도 그런 대반전 속에 막을 내렸다.

그날 이후로 남편은 내가 말을 할 수 있는 시간을 주고, 나는 최대한 빨리 마음에 있는 것을 이야기하도록 노력한다. 이젠 오히려 잔소리가 많아졌다는 불평을 들을 만큼 말에 대한 부담감이 사라졌다. 과거가 나를 사로잡아 영향을 미친 것은 이것뿐만이 아니다. 분노도 많았고, 사랑을 시험하는 나쁜 습관도 있었으며, 자존심도 셌다. 이타적인 사랑을 하기에는 피해의식과 외로움이 깊었다. 하지만 과거가 주는 영향력의 실체를 알아차리고 기도하기 시작했을 때, 그것들은 점점 힘을 잃어가기 시작했다.

### 아직도 아물지 않은 내 안의 상처

극복하지 못한 과거의 상처는 사사건건 크고 작은 일에 영향을 미친다. 나의 과거는 이런 식으로 힘을 발휘해서 연애와 결혼을 매우 힘들게 했다. 과거가 어떠했든지 그것에서 벗어나야 한다. 하나님이 주시는 새로운 생각과 기준을 가지고 우리 안의 왜곡된 것들을 바로 잡아나가야 한다. 그래야 내가 원하고 소망하는 만큼의 인생을 살 수 있고, 그렇게 하는 것이 십자가에서 피 흘림으로써 더 이상 죄의 감정에 메이지 않고 우리를 자유하도록 희생하신 예수님의 복음을 헛되이 하지 않는 것이다.

당신의 과거는 어떠했는지 모르겠다. 과거로 인해 형성된 그 무엇이 오늘 당신의 연애와 사랑을 어렵게 하는 이유가 되고 있다면 그 과거와 화해하기 바란다. 당신 안에 있는 왜곡된 모든 것들의 실체를 대면해 회복해 나가는 모험을 시작하길 바란다.

나와 같은 어려움을 겪는 자매들을 많이 만난다. 어떤 이는 어린 시절에 소리를 지르던 아버지 때문에 우울증에 걸려 지금도 목소리 큰 남자를 만나는 건 엄두도 내지 못한다. 어떤 이는 어린 시절 당했던 성폭력으로 인해 누군가에게 마음을 열기 어려워하며, 소녀가장으로 가정의 경제를 책임졌던 이는 본인이 선택하는 결혼이 또 다시 그런 올무가 될까 봐 두려워한다. 어린 시절 예쁜 언니와 비교 당하며 자란 친구는 지금도 치마 입기를 주저한다. 또 집에서 "돼지"라는 언어폭력을 당하며 자랐던 이는 본인이 얼마나 아름다운 여성성이 있는지 받아들이지 못해 매 순간 자신 없어 한다. 당신에게는 어떤 모습이 있는가?

상처는 시간이 지난다고 해결되는 게 아니다. 마흔 살이 되고 쉰 살이 되어 삶이 여유로워진다고 해결되지 않는다. 예수님을 만나 해결하지 않으면, 상처는 세월을 타고 우리 인생에 더욱 깊게 흘러 들어와 가장 가까운 사람들을 다치게 하고 소중한 관계를 빼앗아 간다.

### 당신을 사랑할 수 없도록 만드는 것들

해결되지 않은 상처는 세월 속에서 우리의 고집과 기득권과 합세해 삶에 더욱 부정적 영향을 미친다. 도무지 말이 안 통하고 버럭버럭 소리만 지르는 할아버지, 집안에서 황제로 군림한 아버지, 춤바람 난 어머니, 집에 들어오면 한마디도 하지 않고 TV만 보는 남편, 이런 사람들과 더불어 살기란 매우 어렵다. 어쩌면 그들 마음속에 해결되지 않은 상처 한 자락이 사랑하기 어렵게 만드는 건지도 모르겠다. 상처를 해결하지 않는다면 사랑하고 사랑받으며 살기 어려워질 수 있다. 하지만 우리는 그리스도 안에서 상처를 극복할 수 있고 사랑하며 살아갈 수 있다.

그가 찔림은 우리의 허물 때문이요 그가 상함은 우리의 죄악 때문이라. 그가 징계를 받으므로 우리는 평화를 누리고 그가 채찍에 맞으므로 우리는 나음을 받았도다. 우리는 다 양 같아서 그릇 행하여 각기

제 길로 갔거늘 여호와께서는 우리 모두의 죄악을 그에게 담당시키셨
도다(사 53: 5-6).

주 여호와의 영이 내게 내리셨으니 이는 여호와께서 내게 기름을 부으
사 가난한 자에게 아름다운 소식을 전하게 하려 하심이라. 나를 보내
사 마음이 상한 자를 고치며 포로된 자에게 자유를, 갇힌 자에게 놓임
을 선포하며 여호와의 은혜의 해와 우리 하나님의 보복의 날을 선포하
여 모든 슬픈 자를 위로하되 무릇 시온에서 슬퍼하는 자에게 화관을
주어 그 재를 대신하며 기쁨의 기름으로 그 슬픔을 대신하며 찬송의
옷으로 그 근심을 대신하시고 그들이 의의 나무 곧 여호와께서 심으신
그 영광을 나타낼 자라 일컬음을 받게 하려 하심이라 (사 61: 1-3).

우리의 마음을 사랑할 수 없도록 가시덤불처럼 채우고 있는 상처
와 허물은 이미 우리의 것이 아니다. 그리스도의 대속으로 그분이 가
져가셨다. 가난하고, 포로로 사로잡히고, 눈멀고, 갇힌 우리들에게 하
나님은 그리스도를 통해 자유와 회복을 주셨다. 연애와 결혼을 가로
막고 있는 당신 안의 연약함이나 상처가 어떤 것이든지 그리스도의
복음은 그것보다 능력이 있고 자유롭게 하는 힘을 지녔다.
　결혼을 위한 진정한 준비는 자신의 내면을 준비하는 것이다. 그건
이러저러한 여자가 되자는 목표를 세우고 그것에 따라 자신을 몰아
가는 게 아니다. 내가 어떤 사람이고 어떤 부분이 나를 결혼하기 힘들

게 하는지, 객관화해보는 게 중요하다. 정확한 문제의 핵심을 찾아 극복하고 치유받아 결혼 후에 생길 수 있는 어려움을 최소화하는 것이 행복한 미래를 준비하는 방법이다.

과거가 오늘날 당신에게 어떤 영향력을 행사하고 있는지 모르겠다. 하지만 과거에 묶여 미래의 사랑을 놓친다면 얼마나 억울할까. 열쇠는 현재를 살아가는 당신에게 있다. 사랑을 막는 과거를 버리고 사랑을 얻는 미래를 위해 용기 있게 자아를 직면하길 기도한다. 더 이상 과거의 상처가 행동과 생각에 부정적인 영향을 미쳐서 연애와 사랑을 가로막지 못하게 해야 한다.

과거가 주는 영향력의 실체를 알아차리고 기도할 때
기적이 일어난다.

자아상 회복과

거짓메시지

내려놓기

**2**

콧대만 높은 자매,

인식의 전환이

필요해

# 존 스토트나 헨리 나우웬 같은 남자는 없다

아무에게도 발견되지 않은 바로 그가 보물일지도 모른다.

존 스토트나 헨리 나우웬 같은 남자는 없다고 단정 지어 말한다면 우리의 소중한 형제님들이 섭섭해하실까? 그럼 살짝 말을 바꾸어 이십 대나 삼십 대에 존 스토트나 헨리 나우웬 같은 남자는 없다 정도로 해두면 덜 섭섭하시겠지?

올드미스들을 짜증나게 하는 단골멘트가 하나 있다. 바로 "너는 눈이 너무 높아. 눈을 낮춰"라는 말이다. 아마도 고독 속에서 깊어져버린 영성을 불편함 없이 나눌 수 있는 형제를 찾아 헤매기 때문에 나온 말이 아닐까 하는 생각이 든다. 사실 그렇다. 많은 자매들이 오랜 시간 온갖 종류의 훈련을 받아, 기도가 깊어지고 영적으로 성장해가는 유익을 누린다. 대신 부작용은 그녀들의 수준을 맞추지 못하는 형제를 만나면 답답함을 느끼며 마음의 문을 쾅 닫아버리는 것이다. 그녀들은 몇 마디 이야기를 나누어보고 남자가 조금만 개념 없는 소리를 하면 마음속으로 이렇게 외친다. '어우, 애 뭐니? 오늘도 텄구나.'

### 보이는 것만으로 예측하지 말기

기독교 안의 이성교제 문제를 다루는 사람들 사이에서는 이런 말들이 오고 간다. "현실적으로 남녀 비율의 불균형이 심한 상황에서 자매들이 영적인 것까지 완벽한 형제를 추구하는 데 대해 환기시켜줘야 한다."

자신이 죄인이라는 것을 인정하고 그리스도의 부활을 믿는 형제라면 결혼해도 별 문제가 없다. 결혼해서 함께 성장해나가면 된다. 그녀들은 자꾸 이삼십 대 나이에 사오십 대의 영성을 가진 사람을 찾고 있는데, 한 마디로 요약해주겠다. "그런 사람은 없다."

특히 여러 단체에서 훈련받은 올드미스들은 영적으로도 훌륭해 보이는 형제를 기다리고, 또 그런 사람을 보면 끌린다. 비전이 잘 드러나는 리더나, 찬양 인도자, 선교사, 목사, 전도사, 꼭 그런 타이틀이 붙지 않아도 영적으로 안정되어 보이고 성경을 잘 아는 형제에게 끌리는 것이다. 하지만 찬양 인도를 하며 드는 두 손을 보고 그가 좋은 사람이라고 섣불리 단정 지어서는 안 된다. 실제로 많은 자매들이 사역자거나 공동체 안에서 영적으로 인정받는 형제라면 일단 신뢰를 깔고 보는 경향이 있다. 저렇게 영적으로 훈련된 사람과 결혼한다면 주님과 동행하는 믿음의 삶을 살 수 있을 것만 같다고 생각하는 것이다. 하지만 과연 그럴까?

아쉽게도 그렇지 않을 확률이 꽤 높다. 자매들이여, 영성이 뛰어난 것처럼 보이는 형제들에게 쉽게 넘어가지 않기를 바란다. 공동체 안에서의 모습만으로 모든 것을 단정지어서는 안 된다.

나는 그녀들이 공동체의 리더나 회장, 찬양 인도자, 선교 헌신자들에게 많은 상처를 받는 걸 지켜보았다. 물론 모든 형제들이 그런 건 아니지만, 많은 형제들이 그들이 보여주는 영적 분위기와는 상관없는, 너무나 유아적이고 이기적인 연애패턴을 가졌다는 것도 부인할 수 없는 일이다.

사람은 개인적으로 만나보고 뚜껑을 열어봐야 한다. 앞에 서 있는 모습으로 그를 예측하기란 어려운 일이다. 당신도 집에서는 엄마랑 소리 지르며 싸우고, 야비하게 설거지와 빨래 개기를 피해가지 않는가. 어제도 동생과 새로 산 코트를 두고 신경전을 벌이지 않았는가. 그러다가도 교회 안에서 후배가 상담 요청이라도 해오면 사슴 같은 눈망울로 이야기를 들어주며 그녀의 손을 꼭 잡아주는 행동을 하지 않았는가. 아마도 우리가 바깥에서 하는 행태를 하루 종일 녹화해 식구들에게 보여준다면 당신의 여동생은 이런 말을 할지도 모르겠다. "가증스러운 것, 밖에서는 토끼의 털을 쓰고 다니는군. 내 그 털을 다 뽑아주리라."

우리가 그렇듯 그들도 그렇다.

## 영성의 가면에 속고 있는 건 아닐까

내가 아는 자매 중 하나는 공동체에서 영적인 리더십을 가진 형제와 교제했다. 어느 공동체마다 영적인 라인에 있는 거룩파 형제들이 있게 마련이고, 시기마다 주목받는 사람이 있다. 그 형제가 그랬다. 그는 선교사가 되고 싶어 했고 언제나 준비된 성경공부와 목소리를 아끼지 않는 기도회 인도로 우리의 심금을 울렸다. 자매는 새신자로서 교회에 발을 들여놓은 지 얼마 안 된 상태였다. 이제 막 뜨거운 마음으로 복음의 은혜를 맛보고 주님과의 사귐을 시작한 그녀의 눈에 그 형제는 너무나 근사해 보였으리라.

우직한 헌신녀들에게 둘러싸여 있던 이 거룩한 형제는 오랜만에 보는 봄바람 같은 자매와 순식간에 러브 라인을 형성했다. 수많은 자매들이 배신감을 느꼈으나 이미 떠난 버스였다. 둘은 불타는 연애를 했다. 매일 붙어 다니고 공부도 같이 하고, 곧 선교지로 같이 떠나버릴 것만 같은 포스를 풍기고 다녔다. 그러더니 머지않아 두 집을 오가며 인사를 하고 결혼을 위한 절차를 밟기 시작했다. 그런데 돌연 형제가 자매에게 이별을 통보하고 떠나버렸다. 자매는 큰 충격에 빠졌고 매일매일 눈물바다를 이루었다.

얼음처럼 차가워진 남자의 대답은 단 한마디였다. 자기는 사역자의 길을 갈 사람으로 믿는 부모님이 계시는 자매를 만나고 싶다, 그러나 너의 집은 아니더라, 내가 그 십자가까지 지고 갈 수가 없다…. 이런 뭣 같은 경우가 어디 있을까. 처음부터 그 사실을 몰랐느냐는 말이

61

다. 우리는 분통을 터뜨렸다. 그런 인간은 다시 붙잡을 가치가 없다며 자매를 붙들고 충언했다. 그 후로 자매가 어떤 시간을 보냈는지는 굳이 설명할 필요는 없을 것이다.

그 형제의 행동은 용납될 수 없지만 왜 그런 행동을 했는지 그의 불우한 성장배경을 보면 이해할 수는 있다. 그 역시 믿지 않는 가정에서 자랐고, 엄마의 부재 속에 냉정하고 여성편력이 있는 아버지 밑에서 성장했다. 게다가 몸이 너무 약해서 어려서부터 자주 아팠다. 그는 자신감 없고 냉정한 사람으로 성장했다. 그런 그가 예수님을 만나게 되었는데, 예수님은 그가 살아왔던 슬프고 불안정한 인생의 버팀목이 되어 주시기에 더할 나위 없는 분이셨다. 형제는 예수님 위에 자신의 삶의 기반을 다시 놓기 시작했다. 그건 좋은 현상이었다. 그는 예수님을 만나게 되면서 자신의 사랑을 표현하고 싶은 마음에 선교 사역에 자신을 드리기로 다짐했다.

거기까지는 좋았는데, 삶의 기본 바탕에 깔린 자아정체성이 불안정했다. 그는 그때부터 사역에서만 자기의 정체성을 찾아가기 시작했다. 그게 문제가 됐다. 열정적인 모습은 얼핏 보기에는 신실한 것처럼 보였지만 그는 사역이라는 영적 가면을 쓰고 근본적인 문제를 가리고 살아가기 시작했던 것이다. 그래서 막상 자신과 같이 아무런 영적 기반이 없는 자매와 결혼이 임박했을 때 밀려드는 두려움을 극복하지 못했다. 결국, 수많은 비난을 받으며 도망자의 길을 선택할 수밖에 없었다.

'거룩'은 그 형제의 허상이요 가면이었다. 영성과 인격은 아직 그의 존재 안에서 깊은 만남을 이루지 못했다. 나는 그 형제를 욕하고 싶지 않고, 오늘날 내적으로는 많은 한계와 연약함을 지닌 채 영성의 가면으로 그것을 덮으며 생존해가는 형제들을 비난하고 싶지 않다. 그들은 오히려 품어야 하고 긍휼히 여겨야 할 대상이다. 그리고 자신을 감당할 수 있는 자매를 만나 사랑받으며 제2의 인생을 살아야 한다.

하지만 상처 많은 형제를 감내할 수 있는 사람이 아니라면 그는 짐이 되어 당신의 삶을 짓누르게 될 것이다. 이런 종류의 이야기는 어느 공동체에나 하나씩 있다. "세상에 그 사람이 그럴 줄은 몰랐네." "무섭다." "웬일이니"의 감탄사를 자아내는 연약한 크리스천들의 황당 러브스토리는 차고도 넘친다.

다시 한 번 말하지만 영적으로 훌륭한 형제들이 다 그런 것은 아니다. 하지만 그들 중 어떤 사람들은 자신의 불우한 환경이나 콤플렉스를 극복하는 수단으로 영성이나 비전, 선교나 사역이라는 매력적이고 그럴듯해 보이는 가면을 선택해 쓰곤 한다.

당신이 기다리고 있는 존 스토트나 헨리 나우웬처럼 영성이 깊고 무슨 말을 해도 잘 통하는 형제는 우리 나이에 만나기 힘든 캐릭터이거나 허상으로서, 위험한 꿈이 될 수도 있다. 당신 주변의 마흔이 넘은 훌륭한 영성을 가진 남자들을 기준점으로 삼는다면 배우자 찾기는 점점 더 어려워진다. 너무 멋져 보이는 그들도 이삼십 대에는 그저 그랬을 것이다. 지나온 세월과 사람과 고난과 그리고 곁에 있는 아내의 사랑을 통해 조금씩 성숙해져 그 모습에 다다르지 않았을까.

지금 당신의 나이에서 영적으로 무르익은 형제를 기다리는 건 버스가 지나가지 않는 정류장에서 하염없이 버스를 기다리는 것과 다르지 않다. 더불어 형제들의 영적인 분위기와 영적인 말에 쉽게 매료되지 말고 그들의 '인격'을 보기를 바란다.

## 창세기가 신약에 있는 줄 알아도

교회는 엄마 뱃속에서부터 다녔다고 해도 영적 성장이 한참이나 더딘 것은 물론이고, 선교에 대해 이야기하려면 어디서부터 이야기를 시작해야 할지 모르는 형제들은 많다.

가끔은 사도행전이 신약에 있는지 구약에 있는지 헷갈려 하는,

선물해준 큐티책을 몇 달째 방치해두는,

간혹 십일조도 떼먹고,

예배 중에 문소리 크게 내며 센스 없게 등장하는 바로 그 사람이라 하더라도

예수님을 사랑하는 진실한 마음을 지닌 사람이라면 그도 위시리스트에 넣어주기 바란다. 아직은 부족해도 그가 당신을 통해 근사한 남자로 변화될 수 있는 가능성은 충분하다. 좋은 가정이 이 땅에서 경험할 수 있는 천국의 모본이라면, 아직은 아무에게도 발견되지 않은 (하지만 지금은 어이없게만 보이는) 바로 그가 진정 보물일지도 모를 일이다.

천국은 마치 밭에 감추인 보화와 같으니 사람이 이를 발견한 후 숨겨

두고 기뻐하며 돌아가서 자기의 소유를 다 팔아 그 밭을 사느니라 (마

13:44).

# 박수칠 때
# 떠난다

수련회.

일상에서 못다 한 주님과의 깊은 교제가 이루어지는 곳이기도 하지만, 젊은 남녀들을 설레게 하는 만남의 장인 것도 현실적으로 부인하고 싶지 않다. 물론 헌신된 그녀들은 직장생활하랴, 수련회 준비하랴, 정신없는 일상을 보내다가 다크써클이 턱까지 내려와야 겨우 휴가를 내고 이곳에 입성하게 되지만 말이다.

대부분의 교회가 수련회에서 가장 강조하는 부분은 저녁 집회와 기도회 시간이 아닌가 싶다. 목사님들도 그 시간을 통해 뭔가를 이루고 싶어하고, 청년들도 그간 밀린 숙제와도 같았던 주님과의 만남을 극적으로 성사시키고자 안간힘을 쓴다.

그래서 수련회 때는 집중이 잘 되어야 한다는 이유로 말씀 후 기도회 시간에 불을 끈다. 심금을 울리는 찬양 반주가 나오고 우리는 안 하던 기도를 하느라 마음 저 깊은 곳에서부터 힘을 모은다. 이때 목사님이나 기도회 인도자가 날려주는 단골멘트가 있는데 대충 다음과 같은 레퍼토리다.

"여러분, 옆 사람 신경 쓰지 마십시오. 오직 주님만 바라보세요. 우리 부르짖읍시다. 주님이 들으십니다. 주여 삼창 하며 마음속 깊은 곳의 말을 하나님에게 내려놓으십시다. 주여! 주여! 주여!" 약간 허스키해진 인도자의 목소리가 울려 퍼진다. 이쯤 되면 딴생각을 하던 이들도 분위기에 휩쓸려 주님을 부르며 기도하기 시작한다.


수련회를 위해 포기하는 것들

이때 헌신된 그녀들은 어떤가? 일단 그녀들은 본격적으로 자리를 잡는다. 그다음 머리를 질끈 묶는다. 성에 안 차는 여인네들은 앞머리를 완전히 올려 핀을 꽂아버린다. 그리고 두루마리 휴지를 옆에 둔다. 울 준비는 되어 있는 것이다. 그녀들은 부르짖기 시작한다. 직장에서 열 받은 일, 아직 오지 않은 조원들, 나의 가족, 그리고 결혼을 위해…. 눈물이 흐른다. 화장이 번지기 시작하자 처음엔 좀 신경이 쓰이지만 이내 그녀들은 생각한다. '뭐 어때. 주님 만나는 건데 집중하자.' 마스카라도 아이라인도 눈물의 기도 속에 번지면서 검은 흔적을 남긴다.

개인마다 다르겠지만 그녀들은 어느 정도 기도가 진행되면 방언을 시작한다. 처음엔 방해될까 작게, 하지만 간절해질수록 '에라 모르겠다' 하며 부르짖게 되고, 최고조에 이르면 몸을 앞뒤로 흔들며 손뼉을 치기 시작하신다. 영락없는 권사님 자태다. 그녀들의 기도는 그렇게 깊어져간다. 30분에서 1시간 정도 시간이 흘러 눈이 퉁퉁 붓고 성령이 충만해질 때쯤 기도회는 끝이 나고 불이 켜진다. 그러면 삼삼오오 모여 간식과 함께 이야기꽃을 피우며 수련회의 밤은 깊어간다. 그렇잖아도 턱까지 내려온 다크써클에 마스카라 번진 눈과 세수할 필요도 없게 눈물로 깨끗이 닦인 얼굴로 모임을 한다. 자기 얼굴이 어떤 상태인지는 까맣게 잊고 간식도 먹고 놀다가 등록비 계산을 하거나 조원들을 챙긴다. 그리고 오랜만에 뜨거웠던 주님과의 만남을 뿌듯해한 후 잠을 청한다.

다음 날 아침, 나이가 들어 피곤한 그녀들은 일단 렌즈를 포기하고 안경을 선택한다. 화장할 시간에 잠을 더 자겠다는, 눈이 한층 작아진 그녀들은 일찍 일어나 머리도 감고 화장도 하고 있는 후배를 향해 이런 멘트를 날린다. "그래, 바를 힘 있을 때 찍어 발라. 서른 살 넘으면 콤팩트 뚜껑 열 힘도 없다." 그러곤 아침식사 전에 큐티책을 펴든다. 그리고 이 용감한 여인네들은 눈썹도 그리지 않고 아침을 먹으러 나간다. 평소 그녀들이 괜찮게 생각하던 형제가 와 있지만, 일단! 여기는 수련회니까 주님에게 집중하기로 하고 작업은 다음 기회로 미룬다. 그렇게 그녀들은 주님과 열심히 교제하고 일하고 사람들을 챙기며 충성스럽게 수련회를 치른다.

그러나 이게 웬 청천벽력 같은 소식인가. 수련회가 끝난 지 얼마 되지도 않은 날, 기도도 별로 하지 않고, 그저 뽀얗게만 하고 다니던 그녀가 그에게 간택이 되었다는 소식이 들린다. 조금 있으니, 주보에 결혼소식마저 실린다. 그러면 '마스카라 눈물기도파'와 '박수치며 방언기도파'의 그녀들은 네트워크를 형성하여 예배 후 카페로 자리를 옮긴다. 외로움의 한이 담긴 쓴 냉커피 한 잔을 들이켜고, 다 씹어 먹어버릴 기세로 고깃집에서 육식을 즐긴 후, 그것도 모자라 집에 돌아가 한밤중까지 동료 헌신녀들과 실망 어린 문자메시지를 주고받는다. 그리고 역시 나의 영원한 애인은 예수님뿐, 이불을 물어뜯으며 고독한 밤을 맞이한다.

물론 이야기가 과장되게 들릴 수도 있겠다. 하지만 내가 그랬고 내 친구들이 그랬고 후배들이 겪은 일이다. 우리는 대부분 긴 싱글의 시간을 선물로 받았다. 중심으로 여호와를 찾았을 뿐인데 그녀들은 무엇이 문제였을까?

### 다가가기엔 너무 무서운 그녀

나는 남자들로부터 힌트를 얻을 수 있었다. 그들의 대답은 가관이었다. 수련회 기간 내내 그녀들이 무서웠단다. 정확히 말하자면 박수치며 방언으로 기도하는 그녀들이 무서웠다는 것이다. 그녀들은 여자이기보다는 전사에 가까웠으며, 그런 그녀들과 연애한다는 건 고개를 절레절레 흔들 일이었다. 그녀들과의 로맨스는 상상할 수 없었다. 그녀들은 영적 어머니와 같이 강했지만, 여자는 아니었던 것이다. 배신자들 같으니라고! 나는 이런 이야기를 솔직히 털어놓는 남자들에게 큰 배신감을 느꼈다. (하지만 솔직히 고백해준 그들은 사실 좋은 남자들이다.)

더군다나 그렇게 기도하는 그녀들이 부담스럽다는 말을 새신자나 어린 청년들이 아니라, 그녀들과 같은 리더, 심지어 불을 끄고 주님 앞에 집중하라고 부르짖었던 기도회 인도자가 했다고 폭로하면 우리 자매들이 너무 놀라시려나? 아니, 옆 사람 신경 쓰지 말고 주님만 바라보라고 해서 바라봤더니, 순종하는 우리가 무서웠다니. 물론 모든 형제가 다 그런 건 아닐 것이다. 하지만 아닌 형제가 매우 적다는 게 우리가 봉착한 문제다.

그러나 무서웠다고 고백하는 남자들에게 화를 낼 수도 없다. 그녀들에게도 책임은 있다. 우리는 도무지 계산할 줄 모르는 자매들이었던 것이다. 결혼을 위해 그토록 간절히 기도하면서도 수련회에서 얻게 될 영성에만 집중했다. 최소한 눈썹은 그리고 다니고, 월남치마와 색깔 안 맞는 양말, 무릎 나온 추리닝 따위는 벗어던져야 했다. 흐르는 눈물을 휴지로 벅벅 닦지 말고 찍어 닦는 센스 정도는 발휘해줘야 했다. 하지만 그녀들은 손뼉을 치고, 방언을 하며, 무릎 나온 추리닝 착용 상태로 왕자님을 기다린다.

대개 이런 자태로 배우자를 기다리는 그녀들의 생각을 들어보면 이렇다. 자신들의 있는 모습 그대로를 보고 사랑해주는 형제를 만나고 싶으며, 화장을 한 인위적으로 모습으로 만나고 싶지 않다는 것이다. 나는 '있는 모습 그대로'는 우리 주님에게나 통하는 진실임을 알리고 싶다. 인간이 외모를 뛰어넘어 중심을 보기가 얼마나 어려운 것인지 잘 알지 않는가. 사무엘상 16장 7절에 보면 사무엘이 다윗에게 기름을 붓는 과정에서 외모 때문에 혼란을 겪는 사건이 나온다. 그는 엘리압의 외모를 보고 이 사람이야말로 기름을 부을 사람이라고 생각하는데, 그런 사무엘에게 주님은 말씀하신다. "그의 용모와 키를 보지 말라. 내가 이미 그를 버렸노라. 나의 보는 것은 사람과 같지 아니하니 사람은 외모를 보거니와 나 여호와는 중심을 보느니라."

맞다. 여호와는 중심을 보시고 중심에 통회하는 자를 구원하신다 (시 34편). 주님은 우리들의 '마스카라 눈물기도'와 '박수치며 방언기도'를 받으셨음이 틀림없다. 그러나 인간은 외모를 보는 과정을 빗겨가기가 매우 어렵다는 것을 기억해야 한다. 주님은 분명히 말씀하지 않았는가. 사람은 외모를 본다고! 외모가 얼굴 자체이든 이미지이든 사람은 외적인 분위기와 상태를 볼 수밖에 없다. 그렇기 때문에 마스카라가 번지고 눈이 퉁퉁 부은 얼굴이든 박수치며 방언을 하는 그녀들의 자태든 그 이미지 자체는 남자들에게 부담을 주고 있다는 사실이다.

그들은 이미지를 넘어 중심을 보는 능력을 가지기엔 너무나 연약한, 소녀시대에 열광하고 아이유에 녹아드는 남자들이다. 이쯤 되면

내가 아름다운 사람임을
보여주고 싶었어.

그럼 뭐냐. 외모가, 여성스럽게 보이기 위한 내숭이 그렇게 중요하단 말이냐, 발끈할 그녀들이 제법 되리라 생각한다. 하지만 안타깝게도 있는 모습 그대로 우리를 완전히 받아주시는 분은 주님 한 분뿐이다. 많은 갈등과 화해를 거쳐, 조금씩 중심을 알아가며 있는 모습 그대로를 받아들이는 사랑을 배워가야지, 하루 아침에 완성되지 않는단 뜻이다.

있는 모습 그대로를 드러낼 수밖에 없는 영역이 많이 있다. 사랑을 하고 연애를 하고 결혼을 하면 환경, 취향, 성격, 장점, 단점 등 구차한 내면들이 날마다 넘쳐나게 드러난다. 있는 모습 그대로의 사랑은 연애의 갈등 속에서, 또 새벽녘에 잠이 덜 깬 맨얼굴로 울며불며 하는 부부싸움을 통해서 비로소 시작된다.

## 진실한 내숭을 창조할 때

'있는 모습 그대로의 사랑'을 너무 쉽게 기대하고 믿어서는 안 된다. '나의 모습이 어떻든지 진가를 알아볼 수 있는 괜찮은 남자가 언젠가 나타날 것이다'라고 생각한다면 까딱하다간 아주, 계속, 혼자, 그 길을 갈 수도 있다. 사랑을 원하는 당신이 변화를 시도하지 않으면 안 된다는 뜻이다.

남자들을 예쁜 것들만 좋아하는 속물로 몰아붙이고 계속해서 '있는 모습 그대로'를 고집한다면 어쩌면 그것은 당신의 교만이고 욕심일지도 모른다. 외모나 분위기를 통해 느껴지는 여성성에 매력을 느끼는 게 남자들의 현실이다. 그 현실을 이해하고 당신의 태도를 바꾸는 것도 지혜이고 당신을 향한 사랑이라고 말하고 싶다.

헌신한 그녀들이 여성성을 잃어가면서까지 교회에서 공동체생활을 했음에도 오히려 그것으로 인해 사랑에서 소외되는 마음 아픈 현실에 대한 이야기를 하고 싶었다. 공동체는 헌신하라고만 이야기하지, 여성으로 그녀들이 자아를 찾아가는 것을 도와주는 것에는 약하다. 이런 상황에 놓여 시간이 지나면서 피해의식만 늘어가는 그녀들에게 위로의 마음을 전하고 싶다. 동시에 공동체 안에서 당신이 여성인 것을 드러내는 것을 어색해하거나 터부시하지 말라는 말을 하고 싶다. 그녀들은 지금까지 영적으로만 공동체생활을 하며 그 안에서 모든 모습을 담아내려 했다. 하지만 하나님은 그녀들을 여성으로 지으셨고, 고유한 아름다움을 추구하기를 원하신다. 거룩한 전사의 말투 외에 화사한 봄날 나비의 날갯짓 같은 말투로 남자를 대한 게 언제이던가. 때로는 내숭도 필요하다. 이제는 진실한 내숭을 창조해야 할 때다.

### 그건 내려놓지 않아도 돼

단지 외모를 꾸미라는 말을 하는 게 아니다. 공동체 안에서 드러나는 모습을 돌아보라는 것이다. 어쩌면 당신의 캐릭터에서 영적인 측면만 드러나는 것은 공동체생활이 건강하지 못하다는 뜻일 수 있다.

청년부 회장이었을 때 내게 별명이 두 개 있었다. 하나는 여장부,

또 하나는 마님이었다. 나는 그 별명이 너무 싫었다. 그래서 주일이면 일부러 치마를 입었다. 그러나 우리 교회 남정네들에게는 나의 치마도 갑옷으로 보였나 보다. 치마 하나로는 약했다. 나의 내면은 한쪽으로 매우 치우쳐 있어서 청년부의 성장과 하나님나라 외에 기타 등등을 생각하며 균형 잡을 수 있는 지혜가 부족했다.

헌신된 그녀들이 어쩌면 나와 같은 오류에 빠져 있지는 않나 생각해본다. 하나님나라는 중요하다. 공동체의 상황 역시 중요하다. 하지만 그에 못지않게 당신의 인생과 사랑이 중요하고, 또 당신이 여자인 것도 중요하다. 당신이 공동체 안에서 배우자를 얻으려면 전사로서의 모습으로는 시집가기 힘들다는 사실을 깨달으라. 공동체가 아닌, 다른 공간에서 누군가와의 만남을 기대한다면 역시 전사로서는 힘들 것이라는 사실도 마음에 새기라. 당신은 아마도 조용한 기도가 성에 차지 않을 것이다. 그러나 공개적으로 박수치며 눈물 뿌리는 방언기도는 잠시 뒤로 미루는 것도 좋은듯 싶다.

그러나 너무 아쉬워할 필요는 없다. 결혼한 후 집사님과 권사님이 되어 마스카라 기도든 박수치는 방언기도든 언제 어디서나 골라가며 실컷 할 수 있다. 아마 그때쯤 되면 남편은 그렇게 열심히 기도하는 당신을 보며 인생의 동반자로서의 든든함을 느끼게 될 것이다. 자, 그런 시간이 오기 위해 지금 할 일은 무엇? 일단 우리가 여자라는 걸 보여주는 것이다.

'전사'가 아닌 '여성'의 모습으로
예쁜 연애하기

형제들이 당신에게 다가올 수 있도록 길을 내어주라.

# 가까이 하기엔
# 너무 먼
# 당신

오랫동안 홀로 있는 여인네들 중에 혼자인 게 이해되지 않는 이들이 종종 있다. 우리가 보기에도 예쁘고, 자기 일도 잘하고, 성실하고, 신앙까지 좋은 자매들이다. 그런데 이상하게도 오래된 싱글이다. 예쁘면 남자들이 잘 다가오기는 하나, 또 예쁘다고 다 애인이 생기는 것도 아니라는 사실이다. 예쁘지만 여전히 홀로인 그녀들, 그녀들의 이름은 '가까이 하기엔 너무 먼 당신'이다.

남자들은 세련되고 예쁜 그녀들을 매력적으로 느끼지만 그녀들이 내는 분위기와 포스 때문에 좀처럼 가까이 다가가지 못한다. 정작 그녀들을 가까이에서 알고 지내다 보면 허당인 경우가 꽤 되는데도, 그런 허당기가 잘 노출되지 않기 때문에 그녀들을 휘감은 도도함은 다가가기 어려운 높은 벽을 만든다. 알고 보면 별 볼일 없는데 너무 별 볼일 있어 보이기 때문에 아무도 선뜻 그녀들에게 다가가지 못하는 것이다.

그녀들의 문제는 외모와 내면의 갭이 너무 크다는 것이다. 정작 그녀들의 내면은 헝그리한데 도도해 보이는 외모로 인해 잘 드러나지 않는다. 해줄 것이 아무것도 없어 보이는 완벽한 외적 분위기가 그녀들을 외로움으로 인도해가고 있다.

### 당신의 얼굴에 써 있는 못된 자존심

그녀들의 외모와 내면의 거리를 좁힐 때 가장 걸림돌이 되는 게 있다. 바로 '자존심'이라는 놈이다. 실체는 허당인데도 불구하고, 외적 도도함으로 인해 외로움이라는 곤경에 처한 그녀들의 상황을 하나님은 안타깝게 여기고 계신다. 자존심을 그만 내려놓고 푸근한 사랑을 하는 구수한 삶을 살기를 원하고 계신다.

지숙은 삼십 대 중반에 솔로 8년차로서 매일 쓸쓸한 퇴근길을 걷고 있다. 그녀는 멋쟁이다. 분위기도 우아하고 매일 스테이크만 먹고 살게 생겼으며, 김치찌개나 곱창 같은 건 쳐다보지도 않게 생겼다. 그녀를 알게 되는 남자들은 당연히 애인이 있을 것이라 생각한다. 남자들은 예쁘고 완벽해 보이는 여자를 보면 당연히 애인이 있을 것이라는 단정을 짓는다. 아니면 이미 주변에 남자들이 넘쳐날 것이기 때문에 본인은 감히 그 대열에 끼지도 못할 것이라는 자신 없는 태도를 가지기도 한다. 이런 이유로 지숙은 혼자였다. 하지만 지숙은 결혼을 하겠다는 강한 의지가 있는 여인이었다. 어떻게 해서든지 결혼이 안 풀리는 자신의 문제점을 파악해 결혼에 이르고자 애썼다.

결국 고민하던 그녀는 싱글들을 위한 강좌에 등록을 하고 두 달여의 시간을 투자해 자신을 해부하는 도전과 모험을 시작한다. 그 시간을 통해 그녀가 알게 된 사실은 자신의 외적인 도도함이 그녀의 사랑을 가로막고 있다는 것이다. 이어서 그녀에게 내려진 해결책은 좀 빈貧하게 하고 다니라는 것이었다. '없어 보이게 하고 다녀라!' 그것이 솔루션이었다. 그녀는 적지 않은 충격과 번민에 시달리며 없어 보이는 게 너무 싫다고 괴로워했다. 왜 그렇게 그녀는 내려진 해결책을 실천하는 걸 힘들어했을까? 그건 바로 정말로 빈궁한 그녀의 상황 때문이었다.

외모와는 달리 그녀의 현실적인 상황은 이랬다. 그녀는 직장 문제가 잘 풀리지 않았다. 지금 다니고 있는 직장도 언제 관두어야 할지 모르는 상황이어서 불안했다. 사회에서 도태되는 느낌 때문에 항상 스스로에게 실패의식과 언짢은 마음이 있었다. 그리고 직장생활이 불안정하다 보니 나이가 많긴 하지만 모아둔 돈도 없었다. 골드미스다 뭐다 하여 "나이가 많은 여자는 남자에게 통장을 보여줘야 한다"라는 유머가 지상파를 타고 돌아다니는데 그런 메시지 앞에 그녀는 점점 자신이 초라하게 느껴졌다. 그래서 그런 자신 없는 마음을 감추는 수단으로 더욱 외모에 신경 썼다. 그랬기에 공동체에 있는 사람들도 그녀가 잘 사는 줄만 알았지, 인생에 대해 그렇게 자신 없고 실패감이 젖어 있는 상태인 줄은 몰랐던 것이다. 그렇게 스스로 버티고 있던 상황이었기에 '없어 보이게 하고 다녀라!'는 말은 그토록 그녀를 힘들게 했던 것이다.

지숙뿐만이 아니라 희은, 정희, 선주도 딱 보면 매력적인 커리어우먼이다. 하지만 그녀들에게는 세련되고 예쁜 그 이상의 포스가 있다. 그녀들에게서 흘러나오는 포스는 여자인 내가 봐도 좀 부담스럽다. 그녀들 역시 마음 편히 다가오는 남자가 없어 고민이다.


### 너랑 밥 먹으니까 좋아

같은 시대를 살고 있는 남자들 중 많은 이들은 가정 안에서 상처를 받고 자란다. 그들도 겉으로는 멀쩡해 보이지만 내적인 자신감이 없는 경우가 많다. 드라마에서 보면 많은 남자들이 여자들의 비인격적인 거절이나 냉대 따위는 두려워하지 않는다. 그녀의 마음이 열릴 때까지 두려움 없이 애정공세를 퍼붓는다. 결국 그녀는 더 이상 저항하지 못하고 무너지며, 남자가 그녀를 와락 끌어안는 것으로 사랑은 쟁취된다.

드라마에서는 그렇다. 그러나 현실에서 거절을 두려워하지 않고 끊임없이 돌진할 수 있는 남자는 많지 않다. 왜냐하면 그들은 거절을 두려워하고 상처 받는 걸 아파하는 내면을 가졌기 때문이다. 그런 그들에게 완벽해 보이는 그녀들은 그저 언감생심, 높이 달린 예쁜 감일 뿐이다. 그들은 만만하고 편안하게 다가갈 수 있는, 자신들을 거절하지 않을 것 같은 여인들에게로 발걸음을 옮기며, 구애하고, 사랑하고, 결혼한다.

남자들이 여자에게 프러포즈를 하게 되는 중요한 환경적 요인이 있다. 물론 사랑하는 마음이 첫 번째겠지만 프러포즈를 했을 때 거절당하지 않을 것이라는 확신이 들었을 때, 용기 있게 마음을 고백하게 된다고 한다.

어떤 남자에게 사랑 고백을 듣기 원한다면, 그에게 용기를 주어야한다. 거절을 두려워하지 않고 고백할 수 있도록 용기를 주는 것이 사랑을 얻게 되는 길이다. 조금은 쉽고 만만한 여자가 되는 게 필요하다. "요즘 일이 너무 힘들어요." "난 왜 이렇게 일이 잘 안 되는 걸까. 속상해 죽겠어." "나는 매력이 없나 봐. 밥 먹자는 남자도 없네." "정말 외로워. 나랑 밥 좀 먹어주라." "돈이 없어. 이거 무이자 10개월 할부로 하나 장만한 거야." 뭐 이런 궁핍한 종류의 말들을 내뱉는 태도가 우리에게 필요하다.

"너랑 밥을 먹으니까 좋아." "너와 함께 이야기를 하면 마음이 편안해져." "넌 정말 좋은 사람이야." 솔직하고 정직하고 진실하게 당신의 마음을 드러내는 것만큼 사람의 마음을 얻는 방법은 없다. 당신도 결국 정직하고 진실하게 심경을 나눌 줄 아는 사람과 친구하게 되고 마음을 나누게 되지 않느냔 말이다. 남자들도 그렇다. 그렇게 진실하게 마음을 나누기 시작할 때, 남자들은 당신이 가진 외모의 포스를 넘어 함께할 누군가를 필요로 하는 참 모습을 보게 된다. 그리하여 처량하기 그지없는 허당 자매, 당신에게 용기 내어 손을 내밀 수 있는 것이다.

### 조금만 더, 곁을 내어주기

나는 배우자를 기다리며 다윗과 요나단의 우정을 많이 생각했었다. 사랑에 앞서 다윗과 요나단과 같은 우정을 나눌 수 있는 남자와 결혼을 하기 바랐다. 그들은 매우 정직하고 신실한 우정을 나누었다. 그들의 우정에서 가장 마음이 찡했던 건 그들이 함께 엉엉 우는 사이였다는 것이다. 왕자로서의 자존심 없이 장군으로서의 자존심 없이 자신의 아픔을 두려움 없이 표현했고, 서로의 마음을 받아들였으며, 가슴 아픈 상황에서 서로 껴안고 펑펑 울 줄 알았다. 그들의 우정은 이 땅에서 길게 허락되지 않았다. 하지만 요나단이 죽은 이후에도 그들의 우정은 다음 세대까지 은혜를 끼치는 좋은 모범이 되었다. 이와 같이 우정 위에 세워지는 남녀의 사랑은 정말 든든한 반석과 같다. 속내를 다 드러내고 함께 엉엉 울 수 있는 남자를 만나는 건 복된 일이다.

남자들이 당신에게 다가올 수 있도록 길을 내어주라. 조금은 자존심이 상하고 창피하고 두렵더라도 마음의 진심을 나누고 표현하면 무언가 변화가 일어날 것이다. 이것은 용기가 필요한 일이지만 당신을 자유하게 놓아주는 길이다. 당신의 내면과 외모의 갭이 크다면 계속 외로울 수밖에 없을 것이다.

나는 이 책에서 자매들에게 외모에 신경 쓰라는 권면을 많이 했다. 하지만 '가까이 하기에 너무 당신'이라면, 나는 추리닝 입기를 권한다. 부스스한 맨얼굴로 교회 모임에 나타나고 잘 웃어주기를 권한다. 스스로 그어놓은 금을 넘어 다른 사람에게 먼저 다가가기도 하며 자기관리를 포기하는 모습을 가져보기 바란다.

마음에 드는 형제가 있고 이야기할 기회가 생긴다면 울기도 하고 웃기도 하면서 허심탄회하게 당신의 마음을 보여주라. 그 남자가 당신을 챙겨주고 싶은 마음이 들 수 있도록 말이다. 도도한 외모 속에 자존심을 지키고 사는 것보다는 스타일은 좀 구겨져도 사랑을 얻는 인생이 더 따뜻하기 때문이다. 도도함은 버리고, 겸손하게 사랑을 구하는 마음을 소유하게 되는 건 자존심을 고수하는 것보다 가치 있는, 하나님이 기뻐하시는 마음이다. 헝그리한 내면과 도도한 외모를 고수하는 자존심을 버리자. 내면과 외면이 일치되어 가는 것이 중요하다. 그래서 어려운 여자가 아니라 편안한 사람이 되어가는 것, 당장은 힘들겠지만 당신의 인생에서 아주 잘한 선택이 될 것이다.

거절을 두려워하지 않고 고백할 수 있도록
용기를 주세요.

# 첫사랑도
# 옛사랑도
# 짝사랑도 이젠 안녕

사랑했던 당신은 아름답다.
보낼줄도 아는 당신은 더 아름답다.

"오겡끼데스까, 와따시와 겡끼데스"를 애절하게 외치며 옛 연인을 보내는 〈러브레터〉의 여주인공, 그 장면에서 그녀를 둘러싸고 있던 눈 덮인 산처럼 내 마음도 어찌나 먹먹하고 시렸는지 모른다.

많은 남녀들이 결혼에 이르기까지 첫사랑을 시작하고, 지난 사랑을 힘겹게 잊으려 애쓰며, 가슴 아픈 이별을 하고, 말 못할 짝사랑에 잠 못 이룬다. 가을에 이별한 사람들은 다음 해 가을이 되면 그때의 정서가 되살아난다. 다시 한 번 가슴 시리게 찾아온 가을을 맞이하여 괜히 스카프 하나 사서 목에 매고 걷다가, 뜨거운 커피 한 잔에 마음을 위로하는 등의 영화를 찍는다. 옛 연인과 바다에서 아름다운 추억이 있었던 사람들은 바다만 봐도 마음이 저리며, 밀려오는 파도 속에 그의 얼굴이 떠올랐다 부서지는 신파를 경험한다. 우리 마음속에는 얼마나 다양하고 많은 추억들이 담겨 있는지 모른다.

그러나 그런 아련한 사랑의 기억들이 당신에게 다가올 사랑을 막고 있는 주범일지도 모르겠다. 마음속 사랑의 방을 깨끗이 비워야 새로운 사랑을 받아들이고 시작할 수 있다. 그런데 당신 마음속에 옛 연인에 대한 추억과 흔적이 가득하다면 그 방에는 새로운 사랑이 들어올 수가 없다. 그저 지저분한 빈방이 되어 마음속에 외로움의 공간을 남길 뿐이다.

### 경계해야 할 녀석, 첫사랑

깨끗한 사랑을 시작하기 위해서는 경계해야 할 세 가지가 있다. 그 중 첫 번째는 단어만으로도 영화제목이 되는 첫사랑이라는 녀석이다. 아마도 당신 주변에 첫사랑을 못 잊어 폐인이 될 뻔한 사람 한둘쯤은 꼭 있을 거다. 첫사랑의 특징은 이뤄질 가능성은 적으나 매우 오랫동안 끈질긴 생명력으로 기억 속에 살아남는다는 것이다. 결국 확실한 실체는 별로 없는데 우리의 정서를 옭아매는 힘을 지녔다. 계속해서 첫사랑을 못 잊는 경우는 새로운 사람을 만나도 그 사람을 사랑하지 못하고, 마음속으로 자꾸 비교하고, 그리워하며 새로운 상대에게 상처를 주게 된다.

나에게도 첫사랑이 있다. 중학교 때 시작된 첫사랑의 영향력은 대학교 3학년 때까지 7년간 이어졌고, 친구들이 엄청나게 지겨워했다.

나는 그 오빠와 사귄 것도 아니었고 달콤한 데이트를 한 적도 없었다. 추억이라고는 고작해야 시장에서 떡볶이를 사먹은 것과 학원이 끝나고 같이 집에 걸어오는 게 전부였다. 그 당시 서로가 좋아한다는 건 알게 되었는데 이러저러한 이유들로 이루어지지는 못했다. 그저 그런 사랑이었건만 사춘기 시절 내 마음을 후벼 팠던 첫사랑은 쉽게 가시지 않았다.

하지만 시간이 지나면서 나는 그 사람을 사랑하는 것보다 그를 사랑한다고 믿는 나의 감정을 사랑하는 오류에 빠져들기 시작했다. 생각해보라. 7년이라는 시간은 많은 것을 변하게 한다. 엄밀히 말해서 내가 7년 전에 사랑한 그 사람은 이제 존재하지 않는다고 할 수 있다. 하지만 나는 여전히 7년 전의 그를 마음에 두고 그리워하면서 사랑하고 있는 것이다. 그건 그 사람을 사랑하는 게 아니었다. 그저 추억을 사랑한 내 감정을 사랑한 것이었다.

그렇게 7년이 되던 어느 날, 첫사랑이 나를 지배하는 우상이 되어 뿌리내렸다는 걸 알게 되었다. 그건 하나님이 기뻐하시는 마음이 아니었다. 그리고 이제 그만하자라는 생각이 들었고, 그날로 내 마음속 첫사랑이란 녀석을 매달고 있던 끈은 거짓말처럼 잘려나갔다. 브라보!

### 경계해야 할 녀석, 옛사랑

두 번째로 경계해야 할 것은 옛사랑이다. 헤어진 연인이 여전히 안

드로메다에서 당신을 지배하고 있는 상태라고 할 수 있다. 만남은 끝났지만 당신 마음속에 살아서 역사하시는 옛 연인은 여전히 강림하신 채로 당신을 조종한다.

이십 대 후반에 오랜 시간 동안 여행할 기회가 생겼다. 그때 만났던 한 친구는 옛사랑의 지배를 받는 안쓰러운 남자였다. 그 친구와 앞으로의 꿈이 무엇인지에 대해 대화를 하게 되었는데, 자기의 꿈은 돈 주앙이라는 것이다. 엥? 돈 주앙이라니. 꿈치고는 좀 거시기했다. 난 마음속으로 참 정신 나간 놈이라고 생각했다. 그러나 나중에 알게 된 사연은 이랬다. 이십 대 중반에 그가 무척 사랑한 여자가 있었다. 물론 그들은 연인이었고 그녀는 연상이었다. 그는 그녀와 결혼하고 싶어서 조금이라도 빨리 자리를 잡고자 열심히 공부하고 노력했다. 그는 그렇게 사랑을 믿고 미래를 꿈꾸며 열심히 살아가고 있었다. 그런데 어느 날 그녀는 갑자기 다른 남자와 결혼하게 되었다며, 청천벽력 같은 통보를 해왔다. 미칠 지경에 다다른 그는 무릎을 꿇고 사정했지만 그녀는 냉정하게 떠나갔다. 순수절정의 사랑 탑이 처참하게 밟혀 산산조각 나는 순간이었다. 그 후로 그는 여자를 믿지 못했고 결국 돈 주앙이 되는 게 꿈이 되고 말았다.

옛 연인이 여전히 당신 가슴속에서 살아 숨쉴 때 우리는 새로운 사랑을 시작하지 못한다. 그 실체가 그리움이든 상처든 옛 연인이 마음속에 존재한다면 그건 엄청난 장애물이 된다.

## 경계해야 할 녀석, 짝사랑

세 번째로 경계할 것은 짝사랑이다. 짝사랑은 자칫 순수해 보일 수 있으나 대부분 영양가가 없다. 상대에게 내 정서를 저당 잡히는 사랑이다. 물론 한 사람이 다른 사람을 좋아하게 될 때 혼자만의 사랑으로 시작하는 게 대부분이지만, 그런 자연스러운 단계 말고 오랜 시간 한 사람을 짝사랑하는 건 누군가 말려야 한다. 한 사람을 6개월 정도 짝사랑하고 기도했는데 별 성과가 없으면 치워버려야 한다. 주님은 살아 계시고 우리 기도를 듣고 계신다. 6개월 정도 별 이벤트를 하사해 주시지 않는다면 그게 응답이다. 때로 짝사랑은 마음을 혼미하게 하고 정서의 에너지를 고갈시키며 심한 경우 그 사람에게 집착하게 된다.

## 새로운 사랑, 새로운 시작, 새로운 용기

새로운 사람을 사랑하지 못하게 하고 외로운 마음을 더욱 외롭게 하는, 당신 마음속에서 버려야 할 사랑. 이제는 그 사랑을 정리하면 좋겠다. 그것이 첫사랑이든지 옛사랑이든지 짝사랑이든지 지나간 사랑의 감정을 버리고 마음의 방을 비우는 일은 그 상대와 실질적으로 헤어지는 것만큼이나 어려운 일이다. 가슴 아픈 과정이겠지만 결국 버리지 못했던 건, 과거의 그 사람이라기보다 당신의 감정 자체임을 알아야 한다. 자꾸만 새로운 사랑을 시작하지 못하게, 정서적인 양다리를 걸치게 하는 추억이 있다면 이제는 접자. 그래야 새로운 사랑을 시작할 수 있다. 사랑은 감정으로 하는 게 아니다. 인격과 성품으로 한 인격체와 하는 것이다. 이제는 마음의 방을 치우고 새 사랑을 준비할 때이다.

지금 당신에게 필요한 건 쓰레기봉투 한 장이다. 개인 홈페이지 어딘가에, 휴대전화 어딘가에 있는 사진과 메시지들은 삭제할 것이요 여전히 당신의 마음을 아리게 하는 그날의 일기도 없애버려라. 서랍장 깊은 곳에 아쉬움을 담고 있는 사진이나 추억을 담고 있는 물건 따위는 쓰레기봉투로 과감히 투하하시길. 이 모든 것들이 무심코 남겨져 이삿짐에 싸여 신혼집까지 따라온다면 미래의 배우자는 상당히 불쾌할 것이다. 미래의 부부싸움을 방지한다는 생각으로 기쁘게 정리하는 아름다운 밤을 맞이하시기 바란다.

여전히 마음을 아프게 하는 사랑의 기억이 있다면, 그 장소와 대면하기를 권유하고 싶다. 나는 어머니를 병으로 잃고 난 뒤 1년간 도무지 잊히지 않아 힘든 시간을 보냈다. 어머니와 살던 집에서는 이사를 했지만 내 기억 속에서는 그 집에서 살았던 기억이 생생하게 살아 있었다. 나는 일부러 1년간 어머니를 생각나게 하는 장소에는 가지 않으며 정서적인 도피를 했다.

그러다가 어느 날 대면하고 싶은 마음이 생겼다. 그래서 퇴근길에 어머니와 살았던 집으로 갔다. 이제는 다른 사람들이 살고 있는 집이었지만 나는 우리 집인 것처럼 대문 앞까지 걸어가 문고리를 잡고 잠시 서 있었다. 여전히 그 안에는 어머니가 살고 있고, 모든 것은 거짓이었으며, 문을 열면 그리워하는 장면들이 쏟아져 나올 것만 같았다.

문고리를 잡고 울었다. 그리고 생각했다. '내가 이러고 있는데 이 집에 사는 사람이 나타나 누구냐고 물으면 뭐라고 하지? 난 오늘 미친 여자가 되는구나.'

그렇게 옛집을 찾고, 한바탕 울고 나니 마음이 한결 가벼워졌다. 그리고 결혼 후 우연히 그 동네를 지나게 되었는데, 재개발로 동네 전체가 다 밀리고 신도시가 건설되는 중이었다. 나는 속 시원히 '잘되었구나, 아듀' 하고 마음속으로 외쳤다.

정리하고 싶은 아련한 사랑의 추억이 있다면 용기를 내어 추억의 장소에 가 "오겡끼데스까. 와따시와 겡끼데스!" 심금 울리게 부르짖고 끝내자. 반드시 그 사람을 만나야겠다면 용기 있게 만나, 할 말 다하고 정리하는 것도 좋겠다. 상처를 준 옛사랑이 있다면 "잘 먹고 잘살아라!"를 외쳐주자. 그리고 과거는 훌훌 털어버리고, 홀가분하고 자유롭고 새로운 사랑을 시작하는 길로 힘차게 걸어갔으면 좋겠다. 누군가를 사랑했던 당신은 아름답다. 때가 되어 사랑을 보낼 줄도 아는 당신은 더욱 아름답다.

옛 연인에 대한 추억과 흔적이 가득하다면
새로운 그가 들어올 수 없다.

# 타협할 수 없는
# 당신의
# 몇 가지

시간이 지나면 괜찮아지겠지라는 생각은
불행의 첫걸음이다.

　분명 하나님 앞에서 미래의 가정을 위한 올바른 기준과 뜻을 세웠고, 아름다운 뜻을 품었고 기대했고 기도했다. 하지만 3년이 지나고 5년이 지나도 결혼은커녕 연애 한 번이 안 된다. '순수'라는 단어와는 점점 거리가 멀어지고 산전수전 다 겪으며 나이가 들어간다.

　"결혼은 그냥 아무것도 몰랐을 때 해야 하는 거야. 나이가 드니까 점점 더 어려워진다. 생각이 많아져." 지친 그녀들이 할 수 밖에 없는 푸념이다. 그녀들은 생각할 게 점점 많아진다. 결혼에는 사랑 말고도 다른 많은 것들이 필요하다는 걸 알게 되는 순간, 가장 순수했던 시절, 하나님 앞에서 결혼에 관해 세운 기준에 대해 혼란을 겪기 시작한다.

누구누구는 올해 집을 장만했다. 스무 살 때야 단칸방에서 시작할 수 있지만 삼십 대 중반이 단칸방에서 시작한다는 건 말도 안 된다. 곳곳에 붙은 나잇살과 남모르게 올라온 기미 군단이 포화상태다. 웬만한 메이크업 기술 가지고는, 꽃 같은 신부의 자태를 연출하기 어려운 육체를 가진 지 이미 오래다. 고로 웨딩 패키지의 값은 두 배로 투자해야 한다. 벌써 자리를 잡고도 남을 나이에 겨우 하는 결혼인데, 남자의 직업이 변변치 못하다면 실패한 인생의 느낌을 지울 수 없을 것 같다. 거기다가 이 나이에 키 작고 못생긴 남자랑 결혼식장에 입장하면 "겨우 저런 인물이랑 결혼하려고 지금까지 기다린 거였어?"라며 수군거릴 것만 같다. 그녀들의 선택은 점점 어려워진다.

엎친 데 덮친 격으로 집에서 온갖 구박까지 당한다. 안정된 환경을 제공할 수 있는 경제적 능력이나 학벌 등 부모님의 기대를 저버리지 않는 혼처를 무턱대고 거부하기는 점점 더 어려워진다. 이렇게 저렇게 치여 지치다 보면 정작 포기하면 안 되는 것들을 포기하며, 자신이 하나님 앞에서 결혼에 관해 세웠던 좋은 뜻은 슬그머니 접게 된다. 그리고 현실과 타협하는 길을 걷게 된다. 그래서 올드미스들 중에 믿음의 길 끝에서 남자를 만나는 경우와 하나님의 허용 아래 조금 아쉬운 결혼을 선택하는 경우를 보게 된다.


가장 소중한 것은 타협하지 않기

좋은 결혼을 위해서 포기할 건 과감히 포기해야 하지만, 나이가 들어 아무리 마음이 급하다고 해도 타협하지 않는 게 좋은 몇 가지가 있다. 물질에 관한 가치관, 정조에 관한 생각, 배우자의 성품, 당신의 메인 니즈, 가족에 대한 생각, 직업관, 양육관 같은 것들은 쉽게 타협해선 안 된다. 이런 것들은 데이트할 때 꼭 알아내야 하는 상대의 비밀 주머니다. 결혼이 간절할 때 정작 우리는 이런 것들에 대한 이야기를 간과하고 만다.

하지만 돈만 생기면 차를 바꾸는 사람과 매일 가계부를 쓰며 단 몇 푼의 오차도 견딜 수 없어 하는 사람의 갈등은 불 보듯 뻔하다. 육체적인 관계만 갖지 않으면 된다며, 회사 여직원 또는 남직원과 문자메시지를 주고받고 차 한 잔 마시는 걸 가벼이 여기는 사람과 정서적인 순결까지 지키고자 로맨틱한 상상조차 제어하는 사람이 있다. 이 두 종류의 사람이 함께 살아간다면 날마다 부부싸움이 일어날 것이다. 스타일 좋고 호리호리한 만화 속 주인공 같은 남자를 끝까지 포기 못해 약간의 바람기 정도는 감수하고 결혼을 선택한다면 이 또한 만만한 결혼생활은 아닐 것이다.

게다가 정작 자신에게 필요한 남자는 조금은 무뚝뚝해도 가정을 책임지고 성실하게 일하는 남자다. 그런데도 달콤한 다정함을 포기 못해 월급을 타는 족족 카드값을 막기에 급급한, 다정하기만 한 남자와 결혼한다면, 그녀의 결혼생활은 얼마나 불행할까. 또 가족이라는 개념에 직계는 물론이요 사촌에 사돈의 팔촌까지 들어 있는 사람과 가족이라면 단란한 4인 가족만을 머리에 그리는 두 사람이 서로의

생각을 이해하기까지는 엄청난 대화의 시간이 필요할 것이다. 아이
는 하나면 족하고 없어도 무방하다고 생각하는 사람과 적어도 셋은
있어야 한다는 이들의 결합 또한 불협화음을 낼 것이다.

중요한 것들을 타협하고 결혼을 선택했을 때, 우리는 결혼생활을
하며 매일매일 그 대가를 치른다. 고통은 고스란히 내 몫이 된다. 기
다린 만큼 배우자와 정서적으로 깊은 친밀함과 연합을 경험하는 아
름다운 가정을 이루어가고 싶다면 가장 중요한 몇 가지들은 포기하
지 않는 게 유익하다. '살다 보면 어찌어찌 맞추어지겠지,' '시간이
지나면 괜찮아지겠지'라는 안일한 생각은 불행으로 가는 첫걸음이다.
가치관은 그렇게 쉽게 바뀌지 않는다.

### 불필요한 조건들은 과감히 버리기

결혼에 있어서 부부의 가치관이 일치하는 것이 얼마나 중요한지
얼마 전 TV에서 〈인간극장〉을 보며 다시 한 번 생각하게 되었다. 그
당시 내 품에는 태어난 지 30일밖에 되지 않은 아기가 안겨 있었다.
한 명의 아기를 보면서도 어찌할 줄 몰라 쩔쩔매는 좌충우돌의 육아
시기를 보내고 있었는데, 그때 내가 시청한 프로그램은 11남매를 낳
아서 키우는 부부에 관한 이야기였다. 여자의 나이가 마흔 살이 안 되
었는데 11남매였으니 한 명의 아기를 데리고도 쩔쩔매는 나로서는
입이 딱 벌어질 노릇이었다.

나는 아기를 안은 채 정신없이 그 프로그램에 빠져들었다. 그들은

넉넉하지 않았기에 많은 것을 포기해야 했다. 하지만 부부는 다복함에 행복해하고 뿌듯해했다. 그들은 아기를 셋을 낳았을 무렵, 앞으로도 아기가 생기면 생기는 대로 낳자는 것에 서로 동의했다고 했다. 둘다 다복함을 좋아하고 아기를 좋아해서 다산을 선택했고 대신에 불편함과 가난도 함께 받아들였다. 가치관과 삶의 의미, 방향이 같은 부부였기에 그들은 행복했다. 그러나 물건은 항상 제자리에 있어야 하고 자기영역이 분명해야 하는 우리 부부 같은 경우는 11명의 아기란 상상할 수도 없는 일이다.

오랜 기다림을 내려놓고 결혼을 하기 위해서는, 진정한 행복을 위해 불필요한 조건들을 포기해야 한다. 하지만 나이가 들어 결혼이 늦어졌어도 좋은 결혼을 위해서 중요한 가치들에 대한 기준마저 포기하는 건 어리석은 선택이다.

한 여자가 하나님 앞에서 진정으로 행복한 가정을 이루기를 원한다. 자신의 한계를 넘어 결혼에 관한 그릇된 기대와 욕심을 포기하고 실질적 노력을 하며 중요한 가치들을 붙잡는다. 그런 믿음의 기다림을 할 때 하나님은 여자의 소원을 들어 주신다고 믿는다.

나의 후배 중에 도희는 대학 시절부터 자궁에 문제가 있어서 결혼에 매우 자신 없어 했다. 처녀로서 자궁에 문제가 있다는 사실은 그녀를 두렵게 했고 자신감을 잃게 했다. 하지만 그녀는 자신의 믿음 없음을 한탄하며 기도하고 노력했다. 도희는 간사로 사역하고 있었기 때문에 자신이 쉽사리 레이더망에 잡힐 여자가 아니라는 것을 인지해,

서른 줄에는 스타킹 색깔까지 바꾸는 사소하고 세심한 노력까지 기울였다.

그런 그녀가 어느 날 소개팅을 하게 되었는데, 다른 때와 달리 남자와 말이 너무 잘 통했고 삶의 가치관이 잘 맞는다고 느꼈다. 상대도 도희를 마음에 들어 했기에 만남을 시작하게 되었다. 그런데 도희는 그가 마음에 들수록 자신의 처지가 매우 두렵게 느껴졌다. 어느 타이밍에 자신의 상태를 알려야 상대를 속이는 것이 아닐까 고민에 고민을 하느라 연애를 하는 중에도 너무나 불안했다. 기도하며 고민하던 도희는 만남이 어느 지점에 이르자 자신의 이야기를 고백했다.

자매의 고백을 들은 남자는 "생명은 하나님이 주시는 것인데 불임일지 아닐지 알 수 없는 상황에서 미리 고민하지 말자. 자녀는 주시면 받는 것이고 안 주시면 어쩔 수 없는 것이니까. 그런 것에 신경 쓰지 마라"고 말했단다. 이 얼마나 멋진 남자의 답변이란 말인가. 그 남자의 답변으로 이십 대 모든 시절에 도희의 가슴 한 구석을 누르고 있던 여성으로서의 정체성, 결혼에 대한 두려움은 사라졌고 좋은 결혼을 하게 되었다.

하나님은 제대로 된 기다림 속에서 믿음의 길 끝에 서 있는 자매들을 외면하지 않으시고 친절하게 인도하시는 분이다. 정말로 결혼을 위해 마음을 낮추고 노력하면서 타협할 수 없는 몇 가지를 붙잡고 하나님을 신뢰하며 기다리는 자매들에게는 하나님이 좋은 만남을 허락하신다는 것을 믿는다.

결혼 후 불행해 하는 자매들이 많이 하는 이야기는 "내가 생각했던 사람이 아니야"라는 말이다. 그러나 엄밀히 말하면 그는 원래 그런 사람이었는데 그녀들이 몰랐던 것 뿐이다. 데이트를 통해 그녀가 보아야 했던 것은 남자의 인격, 그리고 가치관이었다. 하지만 비밀주머니를 풀어 무엇이 들어 있는지 보지 못한 채 결혼을 했고 뒤늦은 후회를 한 것이다.

긴 외로움의 끝, 늦은 나이에 만난 마음에 드는 그 남자, 이번이 마지막 기회일지 모른다는 생각이 든다. 그 두려움이 남자의 비밀주머니를 적나라하게 풀어보는 것을 주저하게 만든다. 하지만 주머니 속에 무엇이 들어있는지 확인해야만 안전하다. 우리가 집중적으로 고려해야 할 건 남자가 마련할 수 있는 집의 사이즈, 그 남자의 연봉, 그 남자의 키가 아니라 그의 비밀주머니이다.

올드미스들이 좋은 결혼을 이루어가기 위해 타협해도 되는 것들은 과감히 타협하면 좋겠다. 그리고 타협할 수 없는 좋은 기준들은 잘 간직해서 행복한 결혼의 밑거름으로 쓰기를 바란다. 지금 슬그머니 타협하려고 하는 것이 있다면 다시 용기를 냈으면 한다. 왜냐하면 이 나이까지 기다린 게 너무 아깝고, 주님은 반드시 당신에게 좋은 신랑감을 인도해주실 분이기 때문이다.

월급통장, 키, 외모는 가차없이 타협하되
인격과 가치관은 꼼꼼하게 따져라.

# 스킨십의 거짓말

여자들이 허용하지 않는 한
남자들은 일방적으로 사고를 칠 수 없다.

한번은 카페에서 친구를 기다리고 있는데 옆자리 남녀 커플이 심각한 분위기로 마주 앉아 있었다. 테이블이 가까이 붙어 있어서 우울한 아우라를 감지할 수밖에 없었다. 금방이라도 헤어질 것 같은 그들의 분위기에 '에구, 또 한 커플이 이별하게 되나 보다' 하며 애써 관심 없는 척 앉아 있었다. 하지만 그럴수록 그들의 대화는 귀에 쏙쏙 들어왔고, 결국 안타까운 사연을 알게 되었다.

여자는 이십 대 초반이고 남자는 그 후반쯤으로 보였다. 문제는 여자의 임신이었다. 그들은 당혹스러운 사실 앞에서 그토록 우울한 에너지를 풍기고 있었던 것이다. 여자는 낙태를 원했고 남자는 결혼을 원했다. 남자는 여자를 계속 설득했고, 여자는 아무 말도 하지 않고

사랑하기
좋은 날

침묵으로 일관하고 있었다. 잠시 후 여자의 어머니가 나타나고 남자는 큰 죄인이 되어 앉아 있었다. 어머니와 딸 사이 한바탕 눈물이 쏟아지고, 세 사람은 일단 병원에 가보자는 이야기와 함께 자리를 떴다.

결말이야 어찌되었든 오늘날 많은 젊은이들이 이와 같은 일들을 겪고 있을 것이다. 그리고 그들의 선택이 낙태든 결혼이든 오랜 시간을 견뎌야 죄책감과 원망을 털 수 있을 것이다.

### 달콤하기만 한 그 이름, 스킨십

오늘날 스킨십의 문제는 매우 개인적인 일로 여겨지지만, 결과는 절대로 개인적이지 않다. 스킨십은 임신의 가능성을 피해갈 수 없고, 임신은 낙태와 미혼모 미혼부의 문제를 낳는다. 그러나 이 시대는 섹스를 매우 개인적인 차원의 자유로 한정 짓고, 그 책임에 대해서는 은근히 꼬리를 내린다. 그 누구도 섹스의 결과를 책임져줄 수 없는데 세상은 자꾸만 자유롭게 즐기라는 메시지를 주고 있다. 섹스는 이제 욕구의 싸움이라기보다 세계관의 싸움에 가깝다. 그리고 교회 안의 형제와 자매들은 이 문제들과 오랜 시간을 싸워야 한다. 올드미스들에게도 이 싸움은 쉽지 않은 도전이다.

스킨십! 얼마나 달콤한 글자인지 모른다. 더군다나 올드미스들은 기다려온 시간이 너무 길기 때문에 그 욕구를 컨트롤하기가 만만치 않다. 여자는 촉감에 민감하기 때문에 까딱하다가 정신줄을 놓기라도 한다면 돌아올 수 없는 강을 건너게 된다. 믿었던 순간 사랑은 비

탄으로 바뀐다. 더군다나 촉감이 주는 쾌감을 한번 맛본 여성들이라면 외로울수록 사랑 자체보다도 터치가 주는 힘에 말려들 위험성이 농후하다.

거기다가 오랜 외로움에 절어 쌍으로 다니는 이들이 무척이나 부러웠던 그녀들은 일단 구체적인 대상이 생기고 나면 빨리 친밀해지고 싶은 욕구가 강해지기 마련이다. 나보다 더 많이 좋아하고 있을까? 나와 결혼을 생각하고 있을까? 왜 전화를 안 할까? 하는 노심초사의 단계를 어서 뛰어넘어, 눈빛만 봐도 마음을 알아차리고, '자기야'를 연발하고 몸을 꼬아도 쑥스럽지 않은 관계로 발전하고 싶어진다. 문자메시지에 고민하지 않고 하트를 마구 찍어 날려도 되는 사이, 누가 더 많이 좋아하나 피곤하게 계산하는 시점이 지난 살갑고 닭살스러운 달콤한 연인이 되고 싶은 것이다. 스킨십은 이처럼 빨리 가까워지고 서로에게 속하고 싶은 욕구를 속성으로 채워줄 수 있는 수단이라는 점에서 매우 유용하다. 그러나 스킨십으로 얻는 것은 깊이 있는 친밀함이라기보다는 거짓된 느낌으로 언제 사라질지 모르는 물거품과 같다.

### 그 사람을 잃게 될까 봐

진정한 친밀함이란 오랜 시간을 거쳐 만들어진다. 반복되는 갈등과 화해 속에 신뢰가 쌓이면 생기는 것이다. 당신이 원하는 만큼의 친밀한 연애 감정이란 스킨십으로 얻어지지 않는다. 시간과 소통과 기

사랑하기
좋은 날

다림을 통해 얻을 수 있다. "스킨십을 하라, 친밀해질 것이다. 스킨십을 하라, 사랑을 얻을 것이다"라는 속삭임은 모두 거짓말이다. "더디 만지는 자 진정한 사랑을 얻을 것이다." 이것이 참말이다.

어떤 올드미스들은 원래부터 외로움이 많고 정서가 연약한 경우로 사랑을 잃고 싶지 않아서 '이건 아닌데'라고 생각하면서도 자꾸만 스킨십에 빠려든다. 다시 혼자가 되는 게 두려워 스킨십을 허용해주지만, 그것을 통해 남자의 마음을 얻으려는 것만큼 어리석은 생각은 없다. 그런데 이 사실이 머리로는 충분히 이해되지만, 실제 데이트를 할 땐 쉽게 적용되지 않는다.

한 여자가 데이트를 한다. 남자가 무척 마음에 든다. 여자는 꼭 그 남자를 잡고 싶다. 하지만 남자의 마음은 여자가 원하는 것만큼은 아닌 것 같다. 데이트를 할 때 남자가 열정적으로 자신에게 빠려든다고 느껴지는 순간은 스킨십을 할 때뿐이다. 여자는 사랑을 얻기 위해 또 사랑받는다는 느낌이 좋아서 스킨십의 허용 범위를 넓혀간다. 아버지의 사랑을 받지 못한 경우 많은 여자들은 외로움을 가지고 성장하게 되고 스킨십에 대해서도 더욱 많은 욕구를 가지게 된다. 그리고 스킨십의 깊이만큼 여자는 정서의 지배를 받는다. 하지만 불행히도 남자는 스킨십과 그의 정서가 항상 함께 가지는 않는다.

예전에 상담했던 한 자매가 이런 케이스였다. 그녀는 어린 시절 아버지에게 폭력을 당하면서 자랐다. 아버지에게 맞으며 자신은 사랑받기 어려운 무가치한 존재라고 여기게 되었다. 성인이 된 뒤에는 어떤 남자와든 둘만 있게 되면 그 남자의 마음을 얻고 싶은 증상이 생겼다. 그녀는 객관적으로 남자들이 호감을 가질 만한 스타일이 아니었지만 남자의 마음을 얻는 법을 본능적으로 터득하게 되었다. 자기와 만나는 남자가 누구든지 그의 정서적인 연약함을 찾아서 그곳을 공격해 마음을 얻었다. 때로는 성관계를 통해 정서적 만족을 얻으며 스스로를 위로했다. 그녀의 남자들은 늘어갔지만 진정으로 사랑해주는 남자는 없었다. 그녀는 그들을 이용했고, 그들도 그녀를 이용했으며, 서로에게 죄를 짓고 있을 뿐이었다.

그녀는 예수님을 만난 뒤 이런 사실들을 낱낱이 고백하며 기도했는데 장장 5시간 동안이나 눈물을 흘리며 포효했다. 그런 삶을 살았던 자신의 영혼을 애통해하며 울부짖었다. 스킨십으로 얻으려고 했던 사랑의 함정에서 헤어나고자 몸부림쳤다. 강약의 차이는 있지만 어떤 자매들은 이런 이유로 스킨십에 얽매이기도 한다. 어떤 이유에서든지 음란에 빠지게 되면 그것은 정말 두려운 일이다. 잠언은 음란에 빠지는 위험성을 공포스럽게 묘사하고 있다. 음란을 경계하지 않는다면 그것은 우리의 간을 뚫고 들어와 생명을 앗아갈 것이다.

여러 가지 고운 말로 유혹하며 입술의 호리는 말로 꾀므로 젊은이가 곧 그를 따랐으니 소가 도수장으로 가는 것 같고 미련한 자가 벌을 받으려고 쇠사슬에 매이러 가는 것과 같도다. 필경은 화살이 그 간을 뚫게 되리라. 새가 빨리 그물로 들어가되 그의 생명을 잃어버릴 줄을 알

지 못함과 같으니라. 이제 아들들아 내 말을 듣고 내 입의 말에 주의
하라. 네 마음이 음녀의 길로 치우치지 말며 그 길에 미혹되지 말지어
다. 대저 그가 많은 사람을 상하여 엎드러지게 하였나니 그에게 죽은
자가 허다하니라. 그의 집은 스올의 길이라. 사망의 방으로 내려가느
니라(잠 7 : 21 - 27).

이처럼 극단적인 경우가 아니라고 해도 연애가 끝난 뒤 많은 자매
들의 마음을 괴롭히는 건 스킨십에 대한 기억이다. 억울하지만 이별
뒤에 스킨십은 남자보다는 여자에게 더욱 큰 외로움의 자리를 남긴
다. 여자는 '이렇게까지 해놓고 헤어질 수가 있어?'라는 씻기지 않는
배신감에 시달린다. 그리고 스스로 깨끗하지 않다는 생각에 시달리며
수많은 밤을 괴로워하며 보낸다.

때로 선을 넘은 자매들은 원하는 것을 함께해주지 않으면 그가 떠
날까봐 두려웠다고 이야기한다. 하지만 스킨십을 허락하지 않아서
떠날 사람이라면, 그런 사람은 애저녁에 떠나보내는 것이 낫다. 남자
가 '네가 나를 사랑한다면 허락해야 한다'고, '나를 못 믿느냐'고,
'허락하지 않는다면 너는 나를 사랑하지 않는 것'이라는 헛소리를 해
댄다면 생각할 것도 없다. 주저 말고 정강이를 한 대 세차게 차버리
자. 그리고 뒤돌아볼 것도 없이 집에 돌아와 강아지 뽀삐랑 놀아라.
그것이 정신 건강에 훨씬 좋을 것이다. 진심으로 당신을 사랑하는 사
람은 당신에게 스킨십을 통해 사랑을 입증하기를 요구하지 않는다.

스킨십을 원하는 그는 꼭 당신이 아니어도 되는 사람이다.

## 하나님이 주신 거룩한 선물

위와 같은 경우가 있는가 하면 '모' 아니면 '도'라고 스킨십을 너무도 두려워하고 거부하는, 또 다른 극단에 서 있는 올드미스들도 있다. 이것도 그리 좋은 현상은 아니다. 특히 만나고 있는 형제가 자신을 성적인 존재로 바라보고, 스킨십을 원하는 것 자체를 죄로 여기며 예민하게 반응하면 만남은 어려워진다.

한 자매가 어느 날 애인에 대한 고민이 담긴 이메일을 보내왔고, 만나서 이야기를 나누게 되었다. 사건은 찜질방에서 일어났다.

어느 날 같이 찜질방에 갔는데 남자친구가 자꾸만 자기의 다리를 쳐다보더라는 것이다. 자기는 그게 너무 불편하고 마음이 어려웠다며, 자신의 몸을 쳐다보는 남자친구가 과연 크리스천이 맞는지를 물어왔다. 뭐 그리 큰일도 아닌 사건이었다. 나는 "그게 다야?"라고 물을 뻔했다. 여러분도 알다시피 찜질방의 바지는 핫팬츠가 아니다. 형제가 봐봤자 자매의 무릎 위 정도를 힐끗거렸을 것이다. 자매는 그런 것에도 무척 당혹스러워했다. 형제는 청순한 분위기에 유독 하얀 피부를 가진 그녀가 너무나 예뻐 보였으리라. 더군다나 사귀고 있던 사이가 아니던가. 나는 자매에게 나라도 네 다리는 쳐다보고 싶고 만지고 싶게 생겼다고 말해주었다. 그 형제는 정상이고 네가 이상한 거라고 거침없이 답해주었다. 지나친 스킨십도 문제이지만 스킨십 자체를 터부시하는 태도도 자연스러운 것은 아니다.

내가 어디까지 참을 수 있는지 뚜껑을 열어보기 전에는 알 수 없다. 절대로 선을 넘지 않을 것이라고 그 누구도 장담할 수 없다. 어디까지 가야 할지 두 사람이 하나님 앞에서 양심에 따라, 결혼 시기와 친밀함의 깊이, 서로에 대한 책임감의 정도에 따라 정해야 할 것이다.

그리고 한 가지 중요한 사실은 스킨십이 남자가 주도하는 듯해 보이나 실상 남녀관계 안에서 스킨십의 진짜 주도권은 여자에게 있다. 여자들이 허용하지 않는 한 절대로 남자들은 일방적으로 사고를 칠 수 없다. 은근슬쩍 의도적으로 안전선 밖을 향해 노를 젓지만 않는다면 당신과 그 남자는 안전할 것이다. 그러니 온갖 거짓말을 해대며 꼬드기는 스킨십에게 속지 마시길 바란다.

# 성품이 좋다면
# 단신인들
# 어떠하리

예수님도, 바울도, 외모는 별로였지만
좋은 사람들이었다.

남자만 외모를 보는 것이 아니라는 걸 여자들은 알고 있다. 여자도 외모를 본다. 남자보다 상대적으로 덜 볼 뿐이고, 마음이 열리면 쉽게 외모를 포기할 뿐이다. 그놈의 스타일과 필feel은 중요한 요소가 되어버렸다. 그러나 결혼이 장난도 아니고 한평생을 살아야 할 배우자를 그놈의 필로 찾기 시작한다는 건 자기 인생에 대한 예의가 아니다.

보통 여자들이 피하고 싶은 비극적인 남성 외모의 3요소는 촌스러움, 작은 키와 더불어 단연 대머리이다. 작은 키와 대머리가 그들의 잘못도 아니건만 좋은 남자들이 작은 키와 대머리 덕에 도무지 선택을 받지 못하고 있다.

촌스러움의 극치를 달리더라도

내가 다녔던 교회에도 참 좋은 성품을 가진 형제가 있었다. 그는 대머리도 작은 키도 아니었으나 어찌나 촌스러운지 무얼 입어도 촌스러웠다. 머리를 어떤 스타일로 손질해도 새로운 형태의 촌스러움을 창조해낼 뿐, 변화불가한 분위기의 그는 촌스러움의 지존이었다. 하지만 성품은 정말 좋았다. 변덕스러운 자매들의 짜증도 받아주고, 맛있는 것도 잘 사줘서 여자들은 모임에 그 형제가 끼는 걸 불편해하지 않았다. 그는 거의 '언니화' 되어갔다.

그러나 언제나 자매들이 하는 말이 있었다. "석민 오빠는 사람 참 좋아, 그치? 저런 사람이랑 결혼을 해야 하는 건데 말이야. 근데 참 이상해. 두 눈 한번 질끈 감으면 될 걸 발걸음이 안 떨어진다." 모두가 고개를 끄덕거리며 공감했던 석민 오빠에 대한 평이었다. 아, 불쌍한 석민 오빠. 그는 당시에 벌써 35세의 나이를 넘어가고 있었는데도, 변변한 연애 한번 못한 채 좋은 오빠로, 물주로, 실속 없는 자매들 곁에 남아 있었다. 하지만 석민 오빠에게도 봄날은 왔다. 똑똑한 처자 하나가 석민 오빠의 가치를 알아채고 연애를 걸어 지금은 아들딸 낳고 알콩달콩 잘살고 있다. 그리고 석민 오빠에게 발걸음이 떨어지지 않았던 자매들 중 몇은 아직 그 누구에게도 발걸음을 떼지 못한 채 새벽기도만 그렇게 열심히 하고 계신다.

또 하나의 예로 내 친구 보미 이야기를 잠시 할까 한다. 보미만큼 결혼 전에 남자의 외모를 포기하느라 내면과 전투적으로 싸워야 했던 자매는 없을 것이다. 보미는 아가씨 시절 중국대륙을 활보하며 주님의 나라를 위해 당차게 살았던 여장군 중에 여장군이었다. 그러나 그녀는 스타일을 엄청나게 중요하게 생각한다는 특징이 있었다. 본인의 스타일은 물론이요 남자의 스타일이 좋아야 했음은 말할 필요도 없었다. 성격은 또 어찌나 시원시원한지 기면 기고 아니면 아니었다.

그때 그런 그녀의 아우라에 반한 형제가 있었으니, 약간은 소심한 대머리 총각이었다. 100퍼센트 대머리는 아니고, 탈모가 매우 많이 진행된 상태였다. 편의상 그를 대머리 총각이라 하겠다. 게다가 바지는 배바지를 입으셨다는…. 큰일이었다. 스타일에 살고 죽는 보미의 인생에 대머리 남편이란 절대로 있을 수 없는 일이었다. 그러나 차분하고 심성이 고왔던 대머리 총각은 보미의 당차고 강한 모습에 큰 매력을 느꼈고 조심조심 다가오기 시작했다. 주로 애매한 문자메시지를 보냈다. '햇빛이 좋은 날'이라던가 '행복한 한 주 되세요' 등 스팸은 아니지만 스팸이라고 봐도 무방한 문자메시지를 날리곤 했다.

똑 부러지는 성격의 보미가 그런 스팸 형상의 문자메시지를 받고 가만히 있을 사람이 아니었다. 몇 번이나 문자메시지가 반복되자 보미는 형제에게 전화를 걸었다. 정말 햇빛이 좋아서 문자메시지를 보낸 것이냐, 아니면 나에게 딴마음이 있어서 보낸 것이냐 따졌다. 그러자 참으로 정직하고 소심하지만 용기 있으신 그분은 사실은 마음이 있어서 그런 문자메시지를 보냈노라는 고백을 하기에 이르렀다. "당신 같은 타입은 절대 아니다"며 단칼에 관계의 선을 그어버렸다.

그러나 소심하지만 소신 있으시고 고집도 있으신 그분은 포기하지 않고 보미에게 애정공세를 하기 시작했다. 절대로 아니라고 생각하는 남자가 자신에게 적극적인 애정공세를 하기 시작하면 여자들은 지구 반대편으로 도망가고 싶은 충동을 느낀다. 말로 안될 것 같자 보미는 편지를 썼다. 편지의 핵심주제는 이것이었다. '나는 당신을 이성으로 느낀 적이 단 한 번도 없으며, 지금도 그렇고, 앞으로도 영원히 그럴 것이다. 그러니 나를 포기해달라.' 그러나 이 편지를 받은 형제는 보미에 대한 마음을 쉽게 접을 수 없었다.

상황이 이렇게 되자 보미는 대머리 총각이 주는 스트레스를 토로하기 위해 주님 앞에 무릎을 꿇게 된다. 대머리가 웬 말이냐며 한참을 호소하던 그녀는 자기 마음에 찔리는 질문을 하시는 주님의 음성을 듣고야 만다. '대머리, 그게 그렇게 중요하냐, 그게 너의 결혼에 있어서 그렇게 중요한 가치냐' 는 주님의 친절한 권면의 말씀을 듣고야 만 것이다. 괴로운 사실은 주로 이럴 때 들리는 주님의 음성은 대개 허를 찌르며, 친절하고, 우리를 빠져나가지 못하게 하는 힘을 가지고 있다는 것이다.

보미는 그 후 참 많은 고민을 했다. 대머리 하나 포기하지 못하는 자신의 영성은 어떤 영성인지, 자신이 이러고도 그리스도를 믿는 자라고 이야기할 수 있는지 진지하게 되돌아보았다. 치열한 고민과 눈물의 기도 끝에 결국 보미는 대머리 총각을 선택했고 결혼해서 잘살고 있다. 남편이 된 대머리 총각은 화장대 서랍에서 보미가 보냈던 편지를 꺼내 읽어주곤 한단다. '나는 당신을 이성으로 느낀 적이 단 한 번도 없으며, 지금도 그렇고, 앞으로도 영원히 그럴 것이다. 그러니 나를 포기해달라'는 그 편지를.

어느 날 보미는 이런 고백을 했다. "남편이 잠들어 있는데 저 좋은 사람을 내가 뭐라고 상처 주고 무시하고 그랬는지, 너무 미안해서 잠든 남편 옆에서 회개기도를 했어."

### 겉보기에 반짝이는 것 말고

형제들에게도 그렇지만 자매들에게도 외모를 포기하는 건 개인의 성향에 따라 매우 큰 도전이 될 수 있다. 그러나 정말 좋은 성품을 가진 진국 형제 중 많은 사람이 매우 안타까운 육체 속에 갇혀 있음을 느낀다. 그들은 단신에 배가 나왔거나 때로 느끼한 외모를 가졌으며 여드름도 제때 짤 줄 모른다. 샌들에 양말을 신기도 하고 와이셔츠에는 보색 대비 무늬의 넥타이를 매고 가끔 머리에 기름도 발라주신다. 수련회 때는 털이 수북한 다리에 심히 짧은 반바지를 입는 용기도 가지셨다. 그들은 마치 드라마의 엑스트라와 같다. 문지기1, 병정1. 봐도 봐도 기억이 잘 나지 않는 배경과 같은 남자들, 그들이 눈에 띄는 순간은, 센스 없는 농담을 하거나 언밸런스 패션의 아우라와 빛나는 머리로 자극해줄 때뿐이다.

반면 어떤 공동체든지 훈남들에게는 많은 자매들의 관심이 집중된다. 그들은 무얼 해도 멋있고 눈에 잘 띈다. 가끔 내뱉는 말도 모두 다

114

매력적으로 들린다. 수련회 하나가 끝나면 한 형제를 놓고 열댓 명의 자매들이 기도를 한다. '어쩌란 말이냐'는 주님의 난감한 독백이 들리는 듯하다. 인간복제를 해줄 수도 없고 참 어려운 일이다.

멋진 외모를 가진 사람이 괜찮은 사람일 거라는 오류에 빠진다. 그게 본능인 것 같다. 그러나 많은 사람들은 그게 진실이 아니라는 사실을 살아가면서 알게 된다. (물론 잘생긴 형제들이 성품이 별로라는 뜻은 절대 아니다.)

당신 주변에 정말 괜찮은 형제인데 외모가 문제라면 다시 한 번 눈을 씻고 그를 관찰해봤으면 좋겠다. 스타일 좋은 남자와 사는 것보다 성품 좋은 남자와 사는 것이 우리를 진정한 만족과 기쁨으로 이끌어준다. 당신이 스타일을 포기 못해서 어려운 길을 가지는 않았으면 좋겠다. 예수님도 바울도 외모는 별로였지만 좋은 사람들이었다.

남자가 없다. 맞는 말이다. 남자의 수가 부족하다. 그런데 신기한 건 그럼에도 우리 주변에 항상 남자가 있다는 것이다. 단지 내가 생각하는 남자가 아닐 뿐이다. 혹시 그들 중에 당신이 놓치고 있는 보물은 없는지 주변을 둘러보면 어떨까? 우리는 생각이 바뀌면 마음이 바뀌는 사람들이다. 헛된 기준으로 가득 찬 우리의 생각을 그리스도에게 복종시킨다면 당신 주변의 한 형제에 대해 새로운 마음의 길이 열릴지도 모른다.

키가 작으면 어떤가. 요즘엔 키높이 구두가 종류별로 나온다. 운동화에 까는 깔창도 있다. 패션감각이 없으면 내가 옷을 골라주면 된다.

실제로 결혼한 자매들이 주로 하는 일 중 하나가 남편이 총각 때 입었던 옷 중 3분의 2를 내다버리는 일이다. 대머리는 어쩔 수 없지만 요즘은 가발산업이 발달해서 원한다면 스타일링을 할 수도 있다.

### 원석 속에 숨겨진 보화 발견하기

단신도 대머리도 뒤떨어지는 패션감각도 우리 결혼생활에 나쁜 영향을 주지 않는다. 그런데 많은 자매들이 이런 3요소를 소유한 형제들을 매력이 없다는 이유로 꺼린다. 그러나 계속 기다리고 있는 이유는 행복한 결혼을 하고 싶어가 아니던가! 좋은 남자를 기다리고 있다면 이 3요소를 안고 갈수록 당신이 좋은 남자를 만날 확률이 높아질 것이라고 생각한다.

비진리적인 것에 애착을 가지지 말자. 성품은 영성의 성숙도보다도 육체의 매력보다도 결혼생활 안에서 중요하다. 당신에게 성품이 좋은 3요소의 형제가 다가온다면 당신의 생각을 돌아보고 보미와 같은 내면의 싸움을 한번 해보면 어떨까 싶다.

아가서에 보면 여자가 남자 안에서 누리게 되는 안정감을 묘사한 말씀이 있다.

남자들 중에 나의 사랑하는 자는 수풀 가운데 사과나무 같구나. 내가 그 그늘에 앉아서 심히 기뻐하였고 그 열매는 내 입에 달았도다(아 2:3).

그녀는 다른 모든 남자는 수풀이고 자신의 남자만이 사과나무로 보이는 콩깍지가 씌어 있는 심각한 상태다. 하지만 나는 이 말씀을 참 좋아했고, 이 말씀이 내 삶에 이루어지기를 소망했다. 사람들이 이런 말을 한다. 결혼은 콩깍지가 씌어야 한다고. 좋은 남자에게 콩깍지가 씌는 축복이 있게 해달라고 기도하면 좋겠다. 처음엔 콩깍지일지 몰라도 시간이 지나면 그의 성품에 반하게 될 것이고, 그의 인격에 사랑을 바치게 될 것이다. 그리고 그가 가져다주는 일상의 즐거움은 사과나무 그늘에 앉아서 달콤한 열매와도 같을 것이라 장담한다.

성품이 형성되기까지는 정말 오랜 시간이 필요하다. 그렇기 때문에 좋은 성품을 가졌다는 건 매우 큰 가치를 지닌다. 그 성품의 가치는 대머리와도 작은 키와도 바꿀 만큼 값진 것이다. 그리고 성품은 잘 변하지 않는다.

약간은 성품이 안 좋지만 스타일이 좋은 남자, 즉 '나쁜 남자'에게 끌리는 경향이 있다. 아무리 그를 구원하고 변화시키는 여자가 되고 싶다고 해도 그건 현실에서는 쉬운 일이 아니다. 오히려 당신의 결혼 생활이 고통과 눈물로 점철되는 시나리오의 시작점일 뿐이다. 무엇을 버리고 무엇을 잡아야 할지는 이제 당신의 선택이고 싸움이다. 그리고 그 결과는 고스란히 당신의 인생에서 열매로 받게 될 것이다.

헛된 기준으로
가득찬 생각을 그리스도에게
복종시킨다면

아버지가 준 상처를 그리스도 안에서
떼어내길 바란다.

# 아버지를
# 버리다

　우리 집 근처에는 아이스크림과 커피를 파는 조그만 카페가 하나
있다. 동네에 달리 갈 곳이 마땅치 않아서 가끔 그곳에 들러 커피를
마신다. 주 메뉴가 아이스크림이어서인지 부모님을 따라오는 아이들
이 많았다. 어느 날 책을 읽으려고 들렀는데 네 살 정도 되는 여자아
이와 아빠가 아이스크림을 먹고 있었다.

　옆 테이블의 부녀가 인상적이었던 건 딸을 보면서 어쩔 줄 몰라 하
는 아빠의 표정 때문이었다. 늦둥이 딸을 낳은 한 연예인에게 기자가
"좋으시죠?" 하고 묻자 "딸은 설탕이죠"라고 대답하는 걸 들은 적이
있다. 옆 테이블에 앉아 있는 아빠의 표정은 그 연예인의 말을 그대로
증명해주고 있었다. 딸아이의 아빠는 길을 가다 부딪치면 90도로 인

사하게끔 만드는 인상에 엄청난 거구였는데, 머리를 뽀글하게 파마한 딸아이는 작고 깜찍한 인형 그 자체였다. 남이 봐도 귀여운데 아빠야 오죽할까. 사랑하는 여자의 눈을 바라보는 어떤 남자의 눈망울에서도, 딸을 보던 아빠의 눈빛은 본 적이 없을 정도였다. 아이스크림을 한 스푼 떠먹여줄 때마다 사랑스러워 어쩔 줄 몰라 했다. 하트 빔이 마구 쏟아지는 아빠의 눈빛을 곁눈질로만 보기에는 참으로 아까운 광경이었다.

### 아버지, 한 마디로 표현할 수 없는 이름

세상의 모든 아버지들이 어찌 자식을 사랑하지 않겠느냐마는, 우리 시대의 많은 아버지들은 그들의 연약함으로 인해 본의 아니게 자녀들에게 상처를 주었다. 때때로 왜곡된 남성상을 심어주었다. 결혼 적령기의 우리는 가슴속에 남아 있는 아버지의 잔상으로 인해 한 남자를 용기 있게 선택하는 것을 머뭇거리기도 한다.

하지만 그들을 자격이 부족한 나쁜 아버지들로 묶어서 매도하고 싶지 않다. 우리의 아버지들은 대부분 전후 시대에 태어나 질풍노도의 시기를 겪었다. 생존의 문제 앞에 인격적인 돌봄이란 사치였던 유년과 청소년 시절을 통과했다. 또 우리 아버지의 아버지들은 일제강점기라는 역사의 소용돌이 속에 살아남은 분들이다. 상황이 이렇다 보니 2대에 걸쳐 아버지에게 인격적인 사랑을 받기란 정말 불가능한 일이었을지도 모른다. 대물림되는 애정결핍의 극치 속에 마침내 우리가 탄생한 것이다.

또 어떤 아버지들은 남아선호 사상의 그늘아래서 어머니나 할머니의 극진한 편애를 받으며 옥동자로 성장했다. 이런 두 극단의 배경을 오가며 자란 우리의 아버지들은 사랑을 주고받거나 표현하는 걸 매우 어색해하고 어려워한다. 그들은 말수가 적은 남자들로 가족의 생계를 책임지는 것을 최우선으로 생각하며 이 시대를 살아가고 있다. 그러한 고독한 아버지 중 어떤 분들은 본인 스스로 해결하기 어려운 내면의 문제들을 외도로 드러낸다. 또 가정 안에서는 가부장적인 아버지로, 이기적인 아버지로, 황제 같은 아버지로, 때로는 무책임한 아버지로 자신을 드러내기에 이른 것이다.


## 내 아버지

우리 아버지도 그랬다. 아버지를 한마디로 표현하자면 방랑하는 예술가 정도로 표현할 수 있을 것 같다. 아직 생존해 계시는 분이라 자세한 이야기를 하기는 그렇지만, 아버지는 자기애가 매우 강한 예술가였다. 가정은 그에게 부담스러운 것이었다. 본인도 가정 안에서 사랑받기 원했지만 책임을 다하지 못한 채 방황하는 아버지를 끝까지 받아준다는 건 가족에게 어려운 일이었다.

아버지는 더욱 고독해져갔다. 집에서 살지 않았고 혼자서 예술을 하면서 산에서 들에서 살았다. 그래서 나는 한 번도 아버지와 살아본 적이 없다. 아주 가끔씩 집에 들르셨는데, 불쑥 나타나는 아버지라는 존재가 그렇게 부담스럽고 어색할 수가 없었다. 그러나 이런 배경이 나에게 문제를 주리라고는 생각하지 못했다. 비록 외롭고 가난했지만 올바르게 성장하고 있다고 믿어 의심치 않았다.

그러나 그건 착각이었다. 나는 남자를 좋아했다. 이렇게 말하면 좀 웃기지만 겉으로 드러나게 남자를 거부하지 않았다는 의미다. 나는 다른 친구들처럼 멋진 오빠를 보면 설레었고, 첫사랑도 했고, 짝사랑도 했고, 이르지만 고등학교 시절에 나름 연애도 하는, 남자를 정상적으로 좋아하는 여자였다. 그런데 내 마음속 더 깊은 곳에서 남자라는 존재는 매우 왜곡된 이미지로 남아 있었다. 그걸 알아차리고 나에게 객관적으로 그 증거를 제시했던 한 남자 간사님이 있었다. 그분이 아니었다면 이런 내 상태를 몰랐을 것이다.

나는 대학 때 소설을 전공했는데, 4년 내내 많은 양의 습작을 했다. 간사님은 어느 날 소설의 주인공들에 대해 이야기해달라고 했다. 이야기를 하다 보니 4년 동안 쓴 소설의 주인공들은 모두 여자였고 남자들은 주변인이었다. 그것도 불구라든지, 무인도에 갇혀서 스스로 헤어날 능력이 없는 무능한 남자라든지, 백제의 의자왕같이 여성편력이 심한 남성들이라든지 하나같이 정상적인 남자는 없었다. 나의 세계 속에 정상적인 남자는 없었던 것이다.

그분은 별말 없이 "너의 소설 속 남자들은 다 그렇구나"라고 하시며 자판기 커피를 한 잔 뽑아주셨다. 그러고는 너에게 상처준 모든 남자들을 대신해 사과한다고 말씀하셨다. 쓴 커피 한 모금을 마시면서 간사님에게 모든 남자를 대신한 사과의 한마디를 듣는데 아직도 그때 생각을 하면 눈물이 난다. 결국 그건 하나님 아버지가 주신 위로의 말씀이었다. 나는 아버지로 인해 왜곡된 수많은 남성상과 화해해야 했다. 예수님은 내게 다가오셔서 자유해지라고 말씀하셨다. 나는 마치 요한복음에 나오는 이들과 같았다.

진리를 알지니 진리가 너희를 자유롭게 하리라. 그들이 대답하되 우리가 아브라함의 자손이라. 남의 종이 된 적이 없거늘 어찌하여 우리가 자유롭게 되리라 하느냐. 예수께서 대답하시되 진실로 진실로 너희에게 이르노니 죄를 범하는 자마다 죄의 종이라 (요 8:32-34).

진리가 너희를 자유케 하리라는 주님의 말씀에 유대인들은 의아해했다. 한 번도 종이 된 적이 없는데 무엇으로부터 우리를 자유케 하려는 것이냐고 물었다. 나는 이 장면의 유대인들과 같았다. 아버지에 대한 상처로 남성상이 왜곡되고 그것은 내게 올무가 되었다. 결국 아버지와 세상의 남자들을 거부하는 죄에 내면이 묶여 있었는데도 나의 사정을 전혀 몰랐던 것이다.

하지만 예수님은 누구보다 나의 마음을 잘 아셨고 위로하기 원하셨다. 내가 회복되어 자유를 누리기를 원하셨다. 그리고 그날 커피 자판기 앞에서 나를 만나주셨다.

사랑하기
좋은 날

## 아빠를 사랑하는 길

아버지와의 관계는 결혼 후에도 풀어나가야 하는 숙제 같은 것이었다. 왜냐하면 그분은 계속해서 새로운 길을 가시고, 그때마다 그분을 이해하는 수위를 정하고 마음의 갈피를 잡아야 했기 때문이다. 하지만 달라진 건 더 이상 아버지로 인해 세상 모든 남자들을 불신하지도 매도하지도 오해하지도 않는다는 것이다. 정말 몰랐던 사실인데, 세상에는 좋은 아버지도 많고 좋은 남자들도 많았다.

나와 같은 상처를 지닌 여자들은 남자들과의 깊은 친밀감을 갖기를 어려워한다. 남자들이 다가오면 본능적인 거부감이 들어 도망치고 싶은 충동을 느낀다. 기본적으로 남자를 믿을 수 없기 때문에 감정의 문이 열리지도 않고 잘 신뢰하지도 못한다. 좋은 남자를 구별할 줄 몰라서 그저 잘해주기만 하는 남자를 만나 결혼했다가 더욱 불행해지기도 한다. 무조건 아버지와 반대되는 남자를 만나려고 노력하기도 한다.

이유 없이 남자를 거절하기도 한다. 아버지가 계속해서 외도를 한 경우, 결혼 후에 아버지의 성과 남편의 성을 혼동하기도 하고, 그래서 남편과의 관계를 거부하기도 한다. 그래서 한국에는 딸 팔자는 엄마 팔자를 닮는다는 속담이 있는 것 같다. 이 속담을 들을 때면 인간사의 아픔을 잘 표현한 속담이라는 생각이 든다. 우리가 성경적으로 내면의 상처를 치유하지 않는다면, 결혼을 선택할 때 왜곡된 시각을 가지고 잘못된 선택을 할 수밖에 없다. 그리고 그런 선택은 원가정에서 불행했던 우리를 다시 한 번 불행하게 하는 결과를 가져올 것이다. 결국 그런 인생의 결과가 사람들의 눈에 보여서 딸 팔자가 엄마 팔자는 닮는다는 속담을 낳지 않았을까.

그러나 걱정 마시라. 그리스도 안에서 정신을 차린다면 그런 일은 절대 없다. 정신을 똑바로 차리고 아버지가 준 상처를 떠나 좋은 남자를 분별할 수 있게 된다면 올바른 선택으로 아름다운 결혼생활을 만들어갈 수 있을 것이다.

내가 아는 한 자매는 어려서 어머니를 잃었다. 중학교 시절부터 아버지와 남동생을 챙기며 어머니의 대리 역할을 하면서 살았다. 그녀는 성장한 이후에도 남자들을 대할 때면 돌보고 챙겨야 할 것만 같은 강박관념에 시달렸다. 남자는 든든하게 의지할 대상이 되지 못했다. 그런 그녀에게 결혼이 어떤 의미로 다가왔겠는가? 결혼은 앞으로 그녀를 피곤하게 만들 또 하나의 가정으로 느껴질 수밖에 없었다. 그녀는 결혼에 이르기까지 자신 안에 올바른 남성상을 세우기 위해 눈물의 기도를 하고 진리의 생각을 붙드는 힘겨운 싸움을 했다.

당신의 아버지가 그리 좋지 않은 아버지였든지 아니면 연민이 느껴지는 불쌍한 아버지였든지 당신에게 긍정적인 남성상을 심어주는 건강한 아버지가 아니었다면, 아버지를 버리고 새로운 출발점에서 시작해야 한다. 기준점을 내게 필요한 사람에게 둬야 한다.

만일 연애문제가 잘 풀리지 않는 것이 아버지의 영향이라면 당신의 상태를 인정하고 도움을 구할 때 하나님은 매우 적극적으로 도와

주실 것이다. 당신 안에 있는 왜곡된 아버지를 버리는 것이 아버지를 사랑할 수 있는 길이다. 그건 당신이 좋은 남자를 선택할 수 있는 좁지만 좋은 길이기도 하다.

# 새신자 언니들에게 밀리는
# 사역용 자매

그러나 우리는 헌신의 대가로 남자를
선물받지는 않는다.

    뭔가에 찌들어 있는 듯한 우리와는 사뭇 다른 분위기의 '샤방샤 방'한 여성들이 교회의 문턱을 넘어주시고, 살포시 등록교인으로 자 리를 잡아주신다. 그들의 이름은 '새신자'이다. 그렇잖아도 전도가 되 지 않는 개독교시대에 스스로 교회 안으로 들어와서 복음을 들으시 는 새신자 언니들은 얼마나 감사하고 소중한 존재들인가.

    새신자의 소중함을 아는 교회 안의 헌신녀들은 힘들게 교회의 문턱 을 넘은 새신녀들에게 복음을 잘 전달해주어야 한다는 의지가 샘솟는 다. 예수님을 제대로 믿을 수 있도록 도우려고 애쓰며 또 뒤돌아 나가 지 않도록 그녀들을 세심하게 돌본다. 커피도 쏘고 밥도 쏘고 고기도 사먹이고 평일에 문자메시지도 날린다. 다음 주일에도 고맙게 출석해

주신 그녀들을 더욱 친절한 말투와 부드러운 심령으로 대한다. 헌신
녀들은 마음을 나누고 주머니를 턴다. 그 덕에 새신녀들은 낯선 교회
분위기와 일요일에 더 이상 늦잠을 자지 못하는 인생의 큰 변혁의 고
통을 이겨내고 따끈따끈한 그리스도인으로 거듭난다.

### 새신자여, 무엇이든 물어보세요

그리고 시간이 흐르면 새신자반을 마친 언니들이 성경공부 모임에
합류하게 된다. 바로 이 모임에서 헌신녀들과 새신녀들의 전혀 다른
양상을 관찰할 수 있다. 그림은 대충 이렇다. 그녀의 등장으로 모임의
분위기는 새로워진다. 새로운 인물에게 관심이 가는 것은 당연지사
다. 형제들도 새신녀들이 어색하지 않도록 질문이라도 한 번 더 하고,
헌신녀들에게는 하지 않던 의자 빼주기 같은 오버액션을 한다. 새신
자 언니 관리와 동시에 자기 이미지 관리를 하는 것이다. 그리고 이런
경우, 리더를 5년이나 연거푸 한 헌신녀들은 일선에서 물러난다. 목
사님의 간곡한 권유를 받아들인 형제가 리더를 맡게 된다. 이때 헌신
녀들은 좀 어정쩡한 상황이긴 하지만 모임을 돕고 지원하는 차원에
서 모임에 계속 존재한다. 리더를 맡은 형제는 헌신녀의 존재가 좀 부
담스럽긴 하지만 애써 외면한다.

그런데 문제는 아직은 어설픈 리더 형제가 가끔 문맥에 맞지 않는
말씀을 적용하거나 성경공부의 핵심과는 상관없는 결론을 낸다는 것
이다. 헌신녀들이 도저히 용납할 수 없는 우를 범하는 것이다. 말씀에

한 자의 더함도 뺌도 없어야 하는 헌신녀들은 힘겹게 참을 인忍 두 개를 마음에 새긴다. 그러나 결국 세 개까지는 새기지 못한 그녀들, 자신이 말할 기회가 찾아오면 기어이 변론과 반증으로 잃어버린 성경의 맥을 찾아주신다. 자, 그렇게 성경의 맥을 찾아주신 것까지는 좋았는데, 그렇게 성경의 맥을 제대로 잡음과 동시에 형제와의 관계의 맥은 제대로 끊어버린다는 것이다.

헌신녀들이 한 행동은 일종의 지적질에 속한다. 그것이 대놓고 한 변론이든 우회적인 표현이든, 그냥 그것은 모두 지적질이다. 남자들은 모임 안에서 자신의 권위가 추락했다는 걸 본능적으로 안다. 그리고 남자들은 자신을 공개적으로 지적질하는 여성을 사랑하기 어렵다. 남자들이 외모만큼이나 중요하게 생각하는 것이 있다. 바로 자신을 존중하고 존경하는 것이다. 남자에게 인정과 칭찬, 존경은 그 자체가 사랑이다. 그런 그들에게 지적질을 해댄다면, 그 즉시 우리는 그들의 후보리스트에서 완전삭제 당한다. 물론 그 자리에서 당신을 지켜본 다른 형제들에게도 당신은 여자가 아닌 드보라가 된다. 그들은 결혼해서 아내에게 대접을 받으며 살고 싶지 혼나면서 살고 싶지는 않기 때문이다.

반면 형제를 바라보는 새신녀들은 어떠한가. 사회에서 만나왔던 남자들과는 사뭇 다른 분위기를 가진 형제를 보면서 신선한 문화충격을 느낀다. 아직 사무엘상이 구약인지 신약인지 헷갈리는 새신자 언니들에게 리더 형제가 주님의 말씀을 풀어주실 때면 그녀들의 가

슴은 뜨거워진다. 이렇게 6개월 정도 흐르면 남자들은 그런 새신녀
의 눈빛을 절대로 놓치지 않는다. 이로써 그 둘은 서로에게 손만 내
밀면 연인관계로 발전할 수 있는 갑과 을의 관계가 된다. 그리고 계
약이 성사되면 헌신녀들은 다시 한 번 외로움의 쓴잔을 마신다.

### 사역용 자매와 교제용 자매

어떤 교회의 청년부에서는 형제들이 자매들을 논하며 사역용 자매
와 교제용 자매로 분리하기도 한단다. 내가 있던 선교단체에서도 남
자 리더들이 함께 하나님나라를 부르짖으며 고생했던 자매들과 결혼
하기보다는 교회의 어여쁜 새신자 언니들과 결혼하는 경우가 많았
다. 어쩌면 인정받기를 원하고 칭찬받기를 원하는 남자들에게 이런
선택은 당연할 수도 있겠다.

하지만 이런 현실을 접하면서 안타까운 마음과 배신감을 많이 느
꼈다. 나 또한 속해 있던 선교단체나 교회에서 단 한 번도 대시라는
걸 받아본 적이 없다. 어쩌다 보니 나도 새로 출석한 교회의 새신자가
되면서 남편을 만났다. 나의 과거를 모르는 그는 나를 편견 없이 바라
봐주었고, 편견 없이 대해주자 나 자신도 훨씬 자유로워졌던 것 같다.

그래서 나는 오랫동안 고민했다. 상황이 이렇다면 더 이상은 리더
의 자리에 설 수도 없고, 이미 청년부 안에서 버틸 만큼 버틴 자매들
이 다른 교회로 옮기는 건 어떨까? 다음 단계가 여전도회뿐이라, 여
전히 청년부 안에서 헬퍼로 남아야 하는 헌신녀들이 다른 교회의 새

신자로 등장하면 안 되는 걸까?

그곳에서 그녀들은 새롭게 태어나는 것이다. "마태복음과 마가복음이 어디 있나요?" "묵상은 어떻게 하나요?" "방언은 무엇인가요?"라는 질문을 던지는 것이다. 그리고 썰을 푸는 형제 앞에서 "그렇구나! 어떻게 그렇게 아는 게 많으세요? 쉽게 가르쳐주시니 이해가 너무 잘돼요"라는 멘트를 날린다. 귀여운 우리의 헌신녀들, 상상만으로도 통쾌했다.

내가 아는 자매들 중 이렇게 더 이상 청년부에 갈 곳이 마땅치 않아 몇몇이 주일예배를 다른 교회에 가서 드렸다. 그런데 그런 날은 이상하게 꼭 청년부 목사님에게서 전화가 온다는 것이다. 그리고 그녀들은 큰 죄를 지은 사람처럼 다시 본 교회로 돌아간다. 신경을 써주시는 목사님이 감사하지만, 다시 그녀들을 끌어와 앉혀 놓은 다음 그다음은 무엇을 해주실건지 묻고 싶다.

### 정말로 소중한 당신의 인생

토요일 저녁밖에는 소개팅을 할 시간이 없는 헌신녀들에게 "먼저 그 나라와 그의 의를 구하면 모든 것을 더하신다"는 주님의 말씀을 내밀지 않았으면 좋겠다. 도무지 남자를 만날 기회가 없는 그녀를 리더모임에 눌러 앉히고, 배우자를 위한 40일 새벽기도를 권유하시는 분들을 보면 정말 속이 상한다. 오히려 리더모임 안에서 스카프 한 장, 싸구려 립스틱이라도 하나 선물해주면서 소개팅을 격려해주면

얼마나 좋을까. 그렇게 그녀가 겪는 고독의 고통을 함께 나누기를 권
한다면 그건 너무 무리한 부탁일까? 그녀를 내 몸과 같이 사랑한다
면, 사람을 만날 수 있는 기회를 공동체가 다 함께 지원해주고 기뻐하
는 게 옳은 일이 아닐까. 그리고 왜 리더모임은 꼭 교회에서, 꼭 그 시
간에 해야 하나. 헌신녀가 소개팅하는 카페를 중보기도처 삼아 할 수
도 있고, 스페셜데이로 삼아 다른 리더들도 그간 못 만났던 비그리스
도인 친구를 만나는 날로 활용할 수도 있는 것 아닌가.

### 헌신의 대가를 기대하지 마라

한국 교회가 여자 집사님들과 권사님들의 헌신과 수고로 세워졌다
면, 한국 교회의 청년부는 헌신녀들의 섬김이 아니었다면 존재할 수
없었다고 생각한다. 그녀들은 충성스럽게 교회를 섬겼다. 그렇게 청
춘을 보냈으나 결혼에 관한 문제는 결국 개인의 어려운 과제로 남았
다. 그녀들의 결혼문제를 교회의 과제로 여기고, 건축헌금 모금에 대
한 고민과 노력의 10분의 1이라도 그녀들의 인생을 위해 할애한다면
더할 나위 없이 좋겠다.

많은 헌신녀들이 이런 일들을 겪으며 마음 상하고 속상했던 경험
이 있었을 것이라 생각한다. 그리고 과정을 겪으며 공동체와 하나님
에게 적지 않은 실망과 배신감을 느꼈을 것이다. 하지만 착각해서는
안 될 한 가지가 있다. 우리들이 젊음을 다 바쳐 충성했다고 하여 그
보상이 반드시 좋은 남자로 오는 것이 공식은 아니라는 점이다.

물론 하나님은 각자의 사정을 돌아보시고 간곡한 간구를 들으시며 배우자를 인도해주시는 선한 분이다. 그러나 우리는 헌신의 대가로 남자를 선물받지는 않는다. 서로 별개의 문제이다. 헌신은 헌신이고, 결혼과 배우자를 인도받는 건 당신의 인생에서 또 다른 영역이다.

### 당신의 헌신은, 단 한명만 기억하면 된다

하지만 헌신의 대가가 남자가 아니며 결혼을 위해서는 또 다른 열심이 필요하다고 너무 슬퍼하지 말자. 하나님은 젊은 날의 헌신을 하나도 빠짐없이 기억하고 계신다. 당신이 여름휴가 한번 마음대로 쓰지 않고 수련회에 바쳤다는 걸 아신다. 토요일 저녁 영화 본 날이 이미 3년 전이라는 것도 알고 계시고, 남자와 밤늦게 달콤한 통화를 한 것도 아닌데 온갖 상담들로 핸드폰 값이 석 달째 십만 원이 넘었다는 것도 알고 계신다. 카드사용 내역은 미용실이나 옷가게보다 사람들을 섬기는 데 쓴 온갖 밥집과 카페 이름으로 가득 차 있다는 것도 하나님은 아신다. 그리고 하나님은 반드시 그날에 당신의 눈물을 닦아주시고, 원수의 목전에서 상을 베풀어주실 것이다. 당신의 부활은 해의 영광과도 같을 것이다.

그러니 조금은 억울하지만, 새신자 언니들을 관찰해보라. 분명 우리와 다른 것이 있다. 그리고 어쩌면 그 '다름'이 우리가 놓친, 우리가 잡아야 할 매력점일지도 모르겠다. 좋은 결혼과 배우자를 위해서는 당신 안에 새로운 도전과 출발이 필요하다. 오늘도 새신녀들에게 밀려, 대접을 받기는커녕 교회 안에서 고된 일은 다하고 홀로 터벅터벅 집으로 돌아와 피곤하고 쓸쓸한 밤을 맞이하고 있을 한국 교회의 헌신녀들에게 위로와 감사의 마음을 전한다. 그리고 그녀들의 출발을 응원하고 싶다.

자매들이 어려워하는

실질적 문제

부딪치기

# 3

행함 없는

기도는

이제 그만

배우자 기도는 하나님의 인도하심을 받는 통로가
되어야 한다.

# 배우자 기도제목이
# 배우자를
# 쫓아낸다

누가 퍼트렸을까?

원하는 배우자 기도제목을 낱낱이 적어 기도하는 풍습을.

이런 세태는 교회 안의 올드미스들에게 제법 자연스러운 풍토로
자리 잡은 것 같다. 나도 이십 대 초반에 이 풍습을 따랐다. 솔직히 말
하면 따르는 정도가 아니라 배우자 기도제목 정리가 거의 취미생활
이었다. 내 기억에 30가지 정도의 항목이 있었던 것 같다. 그때그때
생각의 변화에 따라 기도제목을 넣었다 뺐다 반복하는 수고를 마다
하지 않았다. 책상 앞에 앉아 미래의 낭군을 상상하며 혼자 히죽거리
고 좋아하면서 리스트 배우자 기도제목 정리하기를 즐겼다.

오늘도 누군가의 성경책 안에 고이 접은 배우자 기도제목 리스트

가 소망 속에 잠자고 있을 터이기에 찬물을 끼얹고 싶지는 않지만 이런 풍습, 과연 이대로 좋은가 질문해보고 싶다.

### 수첩에 적어놓은 욕심들

자기가 원하는 소원을 주님에게 아뢴다는 차원에서 배우자 기도제목을 상세히 기록하고 기도하는 건 나쁘지 않다고 생각한다. 하지만 기도 내용이 집착이 되고, 리스트가 기준이 되어 사람을 고르기 시작하면 문제가 된다. 기도제목 리스트는 내가 원하는 내용이다. 하나님이 그 리스트를 모두 오케이하신다는 뜻이 아니다. 그런데도 때로 어떤 사람을 만난 뒤에 "내가 기도한 내용과 너무나 달라서 그 사람은 아니야!"라는 결론을 내린다. 굳이 혼자 남아 있기를 선택하는 여인네들의 융통성 없음이 마음 아플 뿐이다.

기도제목 리스트의 내용을 보면 소망도 다양하다. 거의 공통적으로 등장하는 '온유하고 성실한 믿음의 남자'는 기본으로 깔아줘야 한다. 개인의 취향에 따라 쌍꺼풀이 있다가 없어지거나, 안경을 씌웠다가 벗기기도 하고, 컴퓨터를 잘했다가 운동을 잘하기도 한다. 믿음의 집안이기도 해야 하고 선교 헌신도 해야 한다. 센스와 유머도 있어야 하고 대화도 잘 통해야 한다. 누구보다 나를 사랑하는 지고지순한 사랑까지 겸비해야 하며 또 하나님을 나보다 사랑해야 한다는, 주님을 기쁘시게 할 아부성 항목도 꼭 하나 넣어주신다. 주님이 무슨 맞춤형 배우자 제작 소장님도 아니건만 우리는 오늘도 이런 기도를 열심히 올린다.

그리고 결혼해서 신혼생활을 시작한 한 자매가 후배들에게 "나는 배우자 기도제목을 조목조목 적었는데 하나님이 안경 스타일까지 그 사람에게 딱 맞춰주신 거야!"라고 설파한다. 그러면 후배들은 '역시 우린 열심이 부족했군. 더욱 기도에 불을 붙이리라!' 다짐하며 퇴근 하자마자 집에 가서 클렌징까지 마치고 철야 기도회로 출동한다. 특새 기간에는 이삿짐을 싸서 영아부실에 임시숙소를 마련하신다.

안경테 색깔까지 주님이 들어주셨다는 이야기를 들으며 생각했다. 개인적으로야 믿음과 감사의 고백이겠지만, 안경테야 언제든 바뀔 수 있는 거고 라식수술을 하거나 렌즈를 끼면 안경을 쓰지 않게 될 수 도 있는 것 아닌가.

자신의 인생에 있어서 필요한 사람에 대한 진정한 소원을 주님께 올리는 것이 마땅하다. 하지만 세세하게 장을 보듯이, 인간 레시피를 만들듯이 그렇게 배우자 기도제목을 작성하고 기도하는 문화는 너무 나 자기중심적인 태도이다.

### 기도제목이 하나님이 된 건 아닐까

배우자 기도의 폐단은 이렇다. 일단 너무 열심히 기도만 한다. 때로 현실에서 사람을 만나려는 열심보다 기도하는 것에 더욱 집착한 다. 기도할수록 당신의 마음속에는 기도제목이 굳건한 기준으로 자리를 잡는다. 그리고 상상 속의 그가 맞춤형 인간으로 드라마틱하게

당신 앞에 등장하기를 기대한다. 막상 사람을 만나면 그 사람을 알아
가고 경험하며 갈등하고 맞추어가는 수고를 하려 하기보다 머릿속에
입력된 기도제목 내용에 그를 하나하나 대입시켜 나간다. 그가 정말
당신에게 필요한 사람이 아닐 수도 있건만, 그가 손이 크고 가디건이
잘 어울리며 운동을 잘하고 컴퓨터를 잘 다루는 사람이기 때문에 점
수는 올라간다.

　반면 그 사람이 당신에게 정말 필요한 인격을 소유한 사람일 수도
있는데 말수가 적고, 선교 헌신자가 아니며, 부모님이 교회를 안 다니
시기 때문에 점수는 턱없이 낮아진다. 자신이 가진 기도제목의 내용
들 때문에 정작 남자를 선택하기 어려워지는 것이다. 이런 어이없는
실수가 어디 있겠는가. 이처럼 자매들에게는 배우자 기도제목 리스
트가 자신에게 덫이 되어간다. 더욱이 그녀들은 고집까지 세다. 이제
기도제목을 내려놓고 그 사람의 중요한 것 한 가지만을 보라고 해도
앞에서는 동의하는 듯하다가 돌아서면 다시 기도제목을 부여잡는다.

　안경이 잘 어울려 지적으로 보이는 건 결혼생활에서 별로 중요하
지 않다. 운동을 잘하는 것, 영어를 잘하는 것, 컴퓨터를 잘 다루는 것
은 편리하지만 결혼생활 안에서 결정적으로 중요한 사항은 아니다.

　비진리적이고 진정한 가치가 없는 항목들은 이제 그만 삭제했으면
좋겠다. 당신이 원하는 30가지 항목을 그가 다 가졌다 하더라도 그
는 당신의 마음을 온전히 채울 수 없고 당신도 마찬가지이다. 리스트
가 그 사람을 설명할 수 없는 것이다. 결혼생활은 줄줄이 늘어놓은 기

도제목 항목을 넘어 한 인간과의 인격적인 하나됨과 부딪침에서 진행된다. 당신이 원하는 완벽한 사람은 없을 뿐더러 당신도 누군가의 로망을 이루어줄 완벽한 사람이 아님을 명심하라. 당신이 그런 존재가 될 수 없다면, 그 누군가도 당신에게 그런 존재가 되어줄 수 없는 것은 마찬가지다.

### 나의 인격을 위한 기도제목 만들기

원하는 배우자상에 대한 30가지 항목을 적기보다는 차라리 언젠가 결혼을 하고 사랑을 할 당신의 인격을 위해 30가지 항목을 적어서 기도하는 것이 훨씬 남는 장사일 것이다.

당신에게 배우자 기도제목 리스트가 있다면 일단 빨간펜을 가지고 당신에게 꼭 필요한 소원이 아닌 항목들을 걸러내라. 남은 항목들 중에 중요하지 않은 항목들을 또 걸러내라. 그리고 나서도, 가치 있는 것은 아님에도 포기할 수 없는 항목이 있을 것이다. 그것이 영어를 잘하는 남자이든, 키가 180센티미터 이상인 남자이든, 객관적으로 생각해도 진리의 영역에 있는 것이 아닌데 포기하지 못하겠다면, 그 항목은 결혼에 관한 당신의 집착과 욕심을 드러내주는 지표일지도 모른다. 그럼 그것을 가지고 기도하면 된다. "하나님, 도통 내려놓지 못하는 기도제목이 있습니다. 이것을 위해 기도하오니, 저의 연약한 성품을 고쳐주세요."

나의 경우, 선교 헌신자인 남자를 만나겠다는 항목을 포기할 수 없었다. 이십 대의 나는 사역자에 관한 환상과 왜곡된 이미지가 있었다. 사역하는 남자를 만나야 내가 원하는 만큼 삶이 아름답고 거룩해질 것이라고 은연중에 믿었고, 하나님이 선교지로 부르실 것이라고 생각 했다. 그래서 나는 그 항목에 집착했으며 사역자가 아니면 소개팅도 하지 않았다.

하지만 그쪽으로는 길이 열리지 않았다. 남편은 전도사 사역을 하 고 있지만 교회를 섬기는 것 외에 다른 직업을 가지고 있었고, 선교 헌신자는 더더욱 아니었다. 처음에 남편은 선교 헌신자인 나를 만나 는 것에 확신이 들지 않아 많이 고민했다고 한다. 하지만 우리는 인격 대 인격으로 만남을 가지는 것을 더욱 가치 있는 일이라고 생각해 만 남을 이어갔다.

물론 나는 이십 대에 선교에 헌신을 하긴 했지만 그건 나의 입장이 었다. 하나님은 그 마음만 받으시고 국내에서 선교부 일을 하는 것으 로 대체하신 것 같다. 그리고 오늘에 이르러서는 연애에 관한 글을 쓰 고 있으니 한 사람을 향한 하나님의 인도하심이란 참으로 예측할 수 없는 일이다.

그렇다고 나의 남편이 기억도 잘 나지 않는 세세한 항목들에 딱 들 어맞는 사람은 아니다. 이제 그런 건 아무런 문제가 되지 않는다. 하 나님은 결혼에 관한 나의 깊은 소망과 소원에 응답하셨고, 하나님이 보시기에 가장 좋은 남자를 주셨다. 나의 예상과는 다르게 결혼과 비 전이 흘러갔지만, 하나님은 내가 기도했던 것과 바랐던 것 이상으로 인도하셨다는 것이다.

> 이는 내 생각이 너희의 생각과 다르며 내 길은 너희의 길과 다름이니
> 라. 여호와의 말씀이니라. 이는 하늘이 땅보다 높음 같이 내 길은 너희
> 의 길보다 높으며 내 생각은 너희의 생각보다 높음이니라(사 55:8-9).

배우자 기도는 하나님의 인도하심을 받는 통로가 되어야 한다. 배우자 기도가 당신이 원하는 것을 가질 때까지 매달리는 욕심과 집착의 도구가 되어서는 안 된다. 당신의 깊은 소원을 아뢰되 당신을 향한 창의성이 많으시고 놀라우시며 행복하게 하시는 하나님의 섭리와 인도하심을 받기를 바란다. 다시 한 번 말하지만 하나님은 맞춤형 배우자 제작 소장님이 아니다. 미완성인 채 만나서 서로 사랑하는 동안 완성된 부부의 모습으로 축복해주시는 분이심을 기억하자.

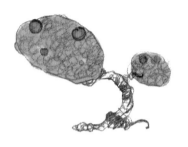

배우자상에 대한 30가지 항목보다 중요한 건
내 인격을 위한 30가지 기도

# 性을 준비하는
# 그녀들이
# 아름답다

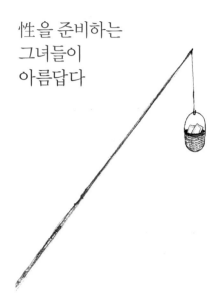

성에 대해 이야기하고 조언 듣는 것을
부끄러워하지 않기를 바란다.

　나에게는 친하게 지내는 올드미스 친구와 후배 들이 꽤 있다. 마음
맞는 이들과 커피를 마시면서 수다 떠는 것을 좋아하는 나는 그녀들
과의 만남이 굉장히 소중하다. 단연 수다의 주제는 결혼이다. 한번은
이런 이야기가 나왔다. 한 친구가 조금 진지한 얼굴로 고백할 게 있다
고 했다. 자신이 요즘 좀 음란한 것 같다는 이야기였다.

　내심 긴장한 나는 '어! 이 친구가 포르노에 빠졌나?' 하는 생각이
잠시 스쳤으나, 곧 표정관리를 하며 왜 그러느냐고 물었다. 그러나 그
친구의 고백에 맥이 탁 풀렸다. 그냥 요즘 잠들 때 야한 생각이 머리
를 자꾸 스친다는 것이다. 뽀뽀하는 상상도 하게 되고 남자와 안고
싶은 종류의 욕구가 강해진다는 것이었다. 아뿔싸, 그것을 보고 스스

로 음란하다고 죄책감에 빠져 친구들에게 고백하는 천사 같은 그녀, 도대체 이런 친구가 왜 계속 싱글이냔 말이다.

"너는 음란한 게 아니야"라고 그 친구를 위로해주었다. 야한 생각이 나는 건 당연한 생물학적인 반응이라고, 예전 같으면 우리는 애를 낳아도 열 명은 낳았을 거라고, 그래야 하는 우리가 기도할 때 외에는 남자 손을 잡아본 지 6년에서 길게는 평생 한 번도 없는 상황이 문제라고(내 친구들 중에는 한 번도 연애를 하지 못한 친구들도 몇 있다) 말해주었다.

### 성에 대해 너무 모르는 올드미스

'내 친구의 생각이 과연 음란한 것인가?'라는 의문이 스칠 때, 그 의문의 꼬리를 잡고 따라가며 상상을 했다. 그 생각이 매일 밤 반복되고 남자의 얼굴에 구체적인 인물들이 대입되고 포르노를 밤마다 보게 되는 경우라면 음란한 것이다. 하지만 서른 초반을 넘어 중반을 달리는 여자가 밤에 외롭고 야한 생각이 스친다 하여 그것이 음란할까. 우리는 성적인 존재로 지음 받았기 때문에 그건 건강하고 자연스러운 현상이다.

이미 교회 안에서 혼전 성관계의 문제나 혼전 임신의 문제가 점점 수면 위로 떠오르고 있는 현실이다. 하지만 반대로 성에 대해서는 호수 밑바닥에 가라앉아 있는 자매들도 있다. 그녀들은 오랫동안 데이트를 하지 못했고, 신실하고 헌신적인 자매그룹 속에서 살고 있기 때문이다.

간혹 올드미스들과 이야기를 하다 보면 깜짝 놀랄 때가 있다. 그녀들이 성에 대해서 너무 모른다는 사실을 발견할 때다. 포르노는 보지만 성은 모른다. 하지만 그녀들은 자신이 포르노를 본 경험이 있기 때문에 성을 잘 알고 있다고 생각한다. 더 충격적인 건 포르노는 물론이고 극장에서 상영하는 야한 영화도 절대 안 보지만, 동시에 여성의 성기와 생식기의 구조와 배란주기도 모르는 자매들이 있다는 것이다. 첫 번째 경우는 헛똑똑이고, 두 번째 경우는 순진함을 가장한 무지의 극치이다.

이처럼 교회 안 올드미스들의 한 부류는 극도의 순수함 속에서 성에 대한 담을 쌓고 살아간다. '결혼하고 나면 성에 대한 배움이 시작되겠지'라는 막연한 생각을 갖고 있다. 그녀들은 자신의 성도, 미래 배우자를 위한 성도 전혀 준비하지 않는다. 순백색의 처자로 살아가고 있는 것이다.

그토록 원하는 결혼을 했을 때, 결혼관계 안에서의 성의 속도를 남편의 필요와 잘 맞추어간다면 그보다 감사한 일은 없을 것이다. 그러나 만일 계속해서 성에 대해 무지하고 소극적인 태도로 남편이 원하는 성생활에 발맞추지 못한다면 결혼생활에는 적지 않은 갈등이 생길 것이다. 물론 당신을 사랑하는 남편은 당신의 속도를 맞추기 위해 기다리고 인내할 것이다. 그러나 그는 결혼관계 안에서도 총각 때와 같이 고독한 성 때문에 고민하게 될 수도 있다. 그런 상황을 연출하는 건 사랑하는 남편에 대한 예의가 아니다. 남자들의 결혼생활에는 성적인 만족이 매우 중요한 위치를 차지한다.


### 쉬쉬하다 썩어가는 성

순진한 것이 순전한 것은 아니다. 성에 대해 모르는 것이 경건은 아니라는 말이다. 우리가 성을 하나님이 의도하신 대로 지키고 사용하는 건 매우 중요하다. 그러나 서른이 넘은 여성이 성에 대해 올바른 지식을 가지고 있지 않다면 그것은 곤란하다. 특히 성이 남자들의 내면과 어떤 관계가 있는지, 그들에게 성이 얼마나 중요한지 알아야 한다. 남자들의 성을 마음으로 공감하고 이해하는 일은 매우 가치 있는 일이다. 우리와 다른 남자들의 성을 이해하지 못하고는 남편을 이해할 수도, 교회공동체 안의 다른 형제들을 도울 수도 없다.

당신이 교제를 하거나 결혼을 했어도 성에 대해서 너무나 순진한 태도를 고수하고 있다면 남자들은 본인들이 판단받고 거절당할까 봐 두려워서 마음 편히 자신의 성에 대해 이야기할 수 없을 것이다. 그들의 성은 결혼관계 안에서도 제대로 펴보지 못한 채 다시 한 번 고립될 것이다. 사랑하는 사람을 사지로 내몰아서는 안 된다.

남자들도 본인의 성을 대체로 음란하다고 평가하는 경우가 많다. 아마도 교회 안에서 성을 이야기할 때 음란한 죄와 관련지어서 이야기하는 경우가 많기 때문이리라. 교회에서 성에 대한 이야기를 들을 때는 대부분 음란한 죄를 회개하는 기도회 때이다. 남자들의 자위행위나 야동 중독에 대한 고민을 이야기하는 경우가 많기 때문인 것 같다.

교회는 성을 좀처럼 공론화하지 못한다. 그렇기 때문에 형제들은 괜히 위축되고 필요 이상의 죄책감에 시달리기도 한다. 물론 객관적으로 중독이나 잘못된 성관계로 돌이켜야 하는 형제들도 있다. 하지만 대부분의 형제들은 정상범위 안에서 성에 대해 고군분투하면서도 그것을 드러내놓고 말하기가 어려워 어디까지가 정상이고 비정상인지 모른다. 그저 '아, 나는 음란하구나. 나는 정말 죄인이야' 하면서 자신을 정죄한다. 그러나 사실 많은 형제들이 정상범위 안에 들어 있다는 사실을 알았으면 좋겠다. 그들이 결혼을 하고 배우자를 만나 성에 대해서 자유롭게 이야기하고 받아들여지는 경험을 하게 된다면 자신들이 지극히 정상이었다는 것을 알게 될 것이다.

남자들이 야동이나 자위행위에 집착하는 건 어떤 이들에게는 치료가 필요한 중독이기도 하지만 어떤 이들에게는 타락한 성과 길어지는 싱글 시간 동안 겪게 되는 자연스러운 욕구의 싸움이다. 표면적으로는 육체의 욕구이지만 실제로는 애정결핍이나 사랑에 관한 갈망이 성으로 표출되는 경우이기도 하다. 이런 복잡한 남자들의 성을 자매들이 몰라준다면 그들은 얼마나 괴로울까?

## 모르는 것이 경건은 아니다

우리는 성을 준비해야 한다. 시중에는 성에 대한 책들이 많이 나와 있다. 부부의 성을 구체적으로 다룬 책은 결혼 2개월 전쯤에 읽으면 충분하지만, 남녀의 성에 대한 차이나 성과 심리의 관계 등 성에 관련된 책들은 미리 읽어두면 꽤 소중한 보물이 될 것이다. 물론 자기 성인 여성의 성에 대해서도 책을 읽고 준비하면 좋겠다. 그런 공부를 차근차근 해나가다 보면 야동으로 고민하는 형제들을 도울 수 있을 것이다. 선을 넘고 고통스러워하는 교회 안의 형제자매들을 도울 수 있을 것이며, 연애를 하게 되었을 때 스킨십 문제로 힘들어하는 나의 연인을 도울 수도 있을 것이다. 무엇보다 결혼 후 당신의 남편은 자신의 성을 이해해주는 아내로 인해 세상의 그 어떤 남자보다도 자신감이 회복되며 존재의 자유와 행복을 누리게 될 것이다.

앞에서 말했듯이 남자는 결혼관계 안에서 성적인 만족을 매우 중요하게 생각한다. 그것은 그들의 일부이다. 그런데 남자들이 가장 많이 상처 받는 말 중에 하나가, 아내가 자신에게 던진 "짐승 같아. 변태 아니야?"라는 말이라고 한다. 이런 말을 듣게 되면 남자는 자신감을 잃고 외로워진다. 그때 남자들이 받는 충격은 첫날밤에 남편이 "배가 왜 이렇게 많이 나왔어? 드럼통 몸매네!"라고 말했을 때 당신이 받을 충격과 비슷할 것이다. 그런 말을 남편에게 들었다면 당신은 얼마나 성에 자신 없어지겠는가.

다시 한 번 말하지만, 성에 대해 순진한 것이 거룩한 게 아니다. 결혼을 원하는 여자가 성에 대해 아는 것이 없고, 결혼관계 안에서도 무지로 인해 남편의 성을 정죄한다면 나는 그것을 감히 죄라고 말하고 싶다.

혹시 당신이 야동을 보는 여자라면 진정한 성의 의미에 대해서는 알고 있는지 질문해보기 바란다. 야동은 온통 비현실적이고 왜곡된 성의 세계이다. 반대로 완전한 순결녀로서 '난 아무것도 몰라요'라는 입장이라면 또 자신에게 물어보기 바란다. 성을 순결하게 대한다는 명목하에 성에 대한 무지의 길을 걷고 있는 건 아닌지 자문해보면 좋겠다. 물론 하나님 앞에서 성적인 순결을 지키는 건 매우 중요한 일이다.

### 가장 숭고하고 거룩한 사명

이메일만 열어도 속옷만 걸친 여자들이 클릭해달라고 난리다. 한밤중에 080언니들이 달콤하게 "오빠!"라고 부르며 메시지를 보낸다. TV를 켜면 늘씬한 언니들이 춤을 추며 노래를 불러준다. 어느 나라보다도 속도가 빠른 우리나라 인터넷은 질 높은 야동 컨텐츠를 실시간으로 제공하고 있다. 이런 현실 속에서 미래의 남편될 형제들은 허벅지를 바늘로 찌르며 힘겨운 싸움을 하고 있다.

당신은 결혼관계 안에서 그를 성적으로 보호하고 지켜주기 위해 무엇을 준비할 것인가. 순진함의 매력은 석 달이면 충분하다. 그 이상 당신의 순진함이 지속된다면 그건 곤란하다. 당신은 성을 준비해야 한다. 이 음란한 세대 속에 남편을 지키는 것은 우리에게 내려진 숭고하고 어려운 사명이다.

그들이 야한 속옷광고를 보고 잠시 눈이 멈출 때 정죄하지 말자. 야동 중독으로 고민하는 형제에게 빨리 음란을 회개하라고 재촉하지도 말자. 공동체 안에서 자위행위에 대해 자책하는 형제의 그 곤고한 마음과 죄책감을 함께 아파하자.

그리고 성에 대한 똘망똘망한 지식을 갖기를 바란다. 속옷의 종류가 중요한 형제들의 마음을 이해하자. 야동에 집착하는 그 형제가 혹시 부모의 사랑을 못 받아서 그러는 건 아닌지 고민해보기도 하자. 성에 대해 이야기하고 기혼자들에게 성에 대해 조언 듣는 걸 지나치게 부끄러워하거나 거부하지 않기를 바란다. 하나님이 의도하신 성적인 여자가 되는 건 그 어떤 것보다도 경건하고 거룩한 일이라는 걸 잊지 않았으면 좋겠다.

상대에게 나를 용기있고 센스있게 어필하는 것
유혹의 정의이다.

유혹의
신화

'유혹' 이라는 단어가 주는 어감이 그리 좋지는 않다. 우선 뱀이 한 마리 생각나고, 뱀 꼬리 뒤로 야하고 나쁜 여자 한 명이 배경으로 지나가는 정도의 이미지라고나 할까? 그래서 유혹이라는 단어가 어떤 오해를 불러오지는 않을까 조심스럽지만, 이번 장에서는 깨끗한 유혹, 깔끔한 유혹, 주님과 의논한 허가받은 유혹에 대해서 이야기해보려고 한다.

### 허락 받은 사역, 유혹

나는 이십 대 후반에 남학생이 80퍼센트인 항공대에서 사역했다. 남학생 비율이 상당히 높기 때문에 건물에는 여자들이 마음 편히 사용할 수 있는 화장실이 없었다. 화장실을 사용할 때면 남자 리더들이 같이 화장실에 가서 망을 봐주어야만 했다. 그런 학교 분위기에서 나는 여자 사역자로서 어떤 스캔들도 일어나서는 안 된다는 극도의 정서적 긴장감을 가졌다. 이 이야기를 항공대 형제들이 읽는다면 "간사님 무슨 말씀이세요. 우리는 간사님을 여자라고 생각한 적이 없다구요"라며 황당하다는 듯 외쳐오겠지만 말이다.

어쨌든 나는 그랬다. 그것이 나의 자기관리였다. 교회에서도 마찬가지였다. 정서와 감정을 흘리지 않기 위해 애썼다. 여기저기 자기감정을 흘리고 다니는 칠칠치 못한 이들을 두고 속된 말로 '질질이'라고 한다. 나는 질질이가 되고 싶지 않았기 때문에 무척 과하게 나를 관리했다.

그러다 보니 형제들에 대한 경계심이 무의식적으로 강해져 관계가 자연스럽지 않았고 차가운 이미지를 내비쳤다. 항공대에 갈 때는 절대로 치마나 반바지를 입지 않았으며 여성스러운 분위기가 나는 옷도 입지 않았다. 항상 폴라티셔츠나 목까지 단추를 채우는 남방을 입었다. 목 부분이 조금이라도 파이거나 몸매가 드러나는 옷은 입지 않았다. 그뿐이 아니다. 혹시라도 나를 간사가 아닌 여자로 볼까 봐 머리는 남자들이 가장 싫어한다는 뽀글파마를 고무줄로 질끈 묶고 다녔다.

지금 생각해보면 참 가관이다. 그렇게까지 부자연스럽게 경계하며 사역할 건 아니었는데 말이다. 내 안에 있는 두려움으로 인해 항공대 형제들에게 마음을 열고 사랑을 주지 않은 게 내내 미안하다.

나는 그렇게 여자를 버리고 사역자로서 이십 대의 시간을 보냈다. 그러는 중에 남자를 대하는 나의 감정은 무뎌질 대로 무뎌져서 연애 세포는 거의 아사 직전이었다. 그리고 당연한 결과로 내 이십 대 후반은 깊고 깊은 외로움이 두 팔 벌려 나를 환영하고 있었다. 내 주변은 말 그대로 남자라고는 씨가 마른 황무지였다. 좀 더 정확히 말하면 진짜로 생물학적인 남자들이 없었다는 의미가 아니라 나를 여자로 봐 주는 남자가 없었다는 의미다.

그러던 중에 지금은 하늘나라에 계신 어머니를 간호하기 위해 갑자기 사역에서 하차하게 되었다. 어머니가 암 투병을 시작하셨기 때문이다. 경계할 대상도 사역의 대상도 없는 일상으로 갑작스럽게 돌아온 나는 정체성의 혼란에 빠졌다. 사역자라는 틀을 벗고 천천히 일상을 돌아볼 수 있는 시간을 가지게 되었는데, 하나님이 내 인생을 새롭게 전환하시는 선물과도 같은 시간이었다.

나는 사역이 가장 중요한 것이고 전부라고 생각했다. 그러나 내가 무심코 지나친 일상도 하나님이 창조한 것이었다. 가족, 친구, 시장에서 만나는 사람들의 표정, 횡단보도에서 마주치는 하굣길의 장난꾸러기 남자아이들…. 그리고 가장 중요한 사실을 문득 깨달았다. 내가 '여자'로 창조되었다는 사실 말이다. 믿을지 모르겠지만 하나에 꽂히면 그것만 생각하고 달리는 기질이었던 나는, 간사로 살았던 시간 동안 그런 것들이 하나도 눈에 보이지 않았다. 오직 하나님의 나라

사랑하기
좋은 날

와 캠퍼스, 우리의 갈 길인 선교, 이런 것들만 바라보는 삶을 살았다.

### 더 많이 솔직해지기

나는 비로소 내 삶에 중요한 많은 것들이 빠져 있음을 알게 되었다. 그리고 내 인생의 많은 부분이 변화되고 새로 시작되어야 하는 순간임을 느꼈다. 일단 나는 잃어가고 있었던 여자로서의 정체성과 정서를 되살려야 했다. 그런데 그게 참 쉽지 않았다. 지금의 남편은 그때 같은 청년부에서 활동한 동갑내기 친구였는데, 앞에서도 잠시 언급했듯이 우리는 중고등학교 시절을 같은 교회에 다니다가 다시 이십 대 후반에 다른 교회에서 만나게 되는 인연이 있었다.

거의 9년 만에 남편과 재회했을 때 참 괜찮은 사람이라는 생각을 했지만, 그때는 내가 어머니를 24시간 간호해야 하는 상황이었다. 연애에 신경 쓸 수 있는 상황은 아니어서 남편을 좋은 사람으로 마음 한 구석에 묻어두었다.

남편은 교회에 내가 등장하자 옛 친구이자 새신자(어쨌든 새로운 교회에 갔으니 새신자였다)인 나를 챙기기 위해 밥을 샀고, 우리는 만나서 단둘이 밥을 먹었다. 남편은 공동체의 일원으로서 흑심 없는 제안을 한 것이었으나, 흑심이 있었던 나는 그 전날 뭘 입고 갈지를 고민하느라 밤을 샐 지경이었다.

그렇게 밥을 먹게 되었으니 얼마나 좋은 기회인가. 하지만 어쩌면 좋은가. 입이 안 떨어지는 것이다. 내 이야기를 재미나게 술술 풀면

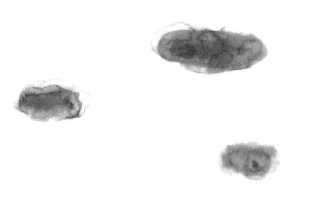

자꾸만 속마음과 반대로 행동하는
바보 같은 나

좋으련만, 눈웃음도 짓고 남편의 이야기에 귀여운 리액션도 해주면 좋았으련만, 나는 단답형에 딱딱하고 건조한 말투로 응대하고 있었다. 경직 그 자체였다. 급기야 휴지를 조각조각 내는 정서불안적 행동까지 하고 있었다. 혼자 이야기를 끌어가던 남편은 지쳤는지 "지윤아, 너 원래 그렇게 말이 없었니?"라고 물었고, 나는 그 질문에 세기의 바보 같은 답을 하기에 이른다. 나는 이렇게 대답했다. "아…, 내가 낯가림이 좀 심해서."

허걱! 낯가림이라니! 중학교 시절부터 알고 지낸 친구에게 낯가림이라니. 나는 내가 무슨 말을 하고 있는 줄도 몰랐다. 단지 너무 어색하고 긴장되어서 행동이 자연스럽지 않았을 뿐 절대로 남편이 싫은 게 아니었다. 오히려 좋았다. 그런데 낯가림이라니, 그 말을 들은 남자는 얼마나 황당할 것인가. 그러자 남편은 식사를 마치자마자 차도 마시지 않고 나를 버스정류장에 바래다주겠다고 했다. 뭐라고? 차도 안 마시고 그냥 나를 보낸다고?

나는 아쉽고 섭섭했지만 역시 그 또한 표현할 수가 없었다. 남편은 자기가 경험한 황당한 이야기 중의 하나로 지금도 심심하면 그때 이야기를 한다. 남편은 자기가 실수했다고 생각했단다. 낯가림이라는 말에 내가 엄청나게 불편한 자리에 예의상 나와 앉아 있다고 느꼈다는 것이다. 나의 속마음과는 반대로 전달된 것이다.

그러던 중 하나님은 정말 속이 터지셨는지 3,000원으로 나를 도와주셨다. 우연히 사촌동생과 고속터미널에 가게 되었다. 고속터미널

역의 지하에는 3,000원짜리 면 티셔츠를 파는 가게들이 많았다. 싼 물건만 보면 눈이 뒤집히는 나인지라 정신없이 옷을 구경하고 있었다.

　내가 드디어 보물을 발견한 듯 한 벌 골라잡자 사촌동생은 한심하다는 표정으로 나를 보았다. "누나, 이거 입으려고? 이런 것 입으면 남자 안 생겨." 그러면서 자기가 옷을 골라주겠다며 뒤적거렸다. 잠시 후 하얀색에 목이 좀 파이고 빨간 글씨가 써 있는, 허리라인이 들어간 옷을 건네주었다. 나는 "이걸 입으라고? 이렇게 많이 파인 걸?" 하고 기겁을 했다. 그러자 사촌동생은 자기가 골라준 걸 선택하면 사주고, 내가 고른 것을 사겠다면 돈을 주지 않겠다고 엄포를 놓았다. 나는 차마 공짜 기회를 떠나보낼 수가 없어서 보라색 꽃무늬 옷을 내려놓고, 남동생이 골라준 옷을 들고 집에 돌아왔다.

　집에 와서 그 옷을 방에 펼쳐놓고는 한참을 들여다보았다. '아무래도 너무 파였어.' 급기야 나는 네크라인을 2센티미터 정도 꿰매 노출을 최소화했다. 그래도 나의 평가는 "너무 파였다"였다. 남자를 어떤 식으로든지 유혹하면 안 된다는 강박관념에 사로잡혀 있던 나는 티셔츠 하나 입는 것도 그렇게 어려웠다. 지금 보면 파인 축에도 속하지 않는데 말이다.

　몇 주 뒤, 이 옷을 입으면 남자가 생길 거라는 동생의 말을 믿고 용기를 내어 그 티셔츠를 입고 지금의 남편인 현준이를 만나러 갔다. 그런데 웬일인가. 그날 밤 현준의 꿈에 내가 나타난 것이다. 남편은 그날 나를 보고 '저런 옷도 입을 줄 아네'라는 생각을 했고, 그런 생각이 꿈에서도 이어진 모양이었다.

아직도 그 티셔츠는 곱게 다림질되어 우리 집 장롱 안에 고이 모셔져 있다. 나는 그 티셔츠를 가보로 물려줄 생각이다. 그것을 사서 입게 된 건 하나님이 도와주셨다고 생각할 수밖에 없다.

그날 이후로 남편은 나에 대해 새로운 관심을 가지기 시작했다. 나는 이 남자는 잡아야 한다는 생각이 들어, 시간이 지나 상황이 되었을 때 문자메시지도 보내고, 괜히 전화를 걸어 이것저것 물어보기도 하며 관계의 끈을 이어갔다. 그때 나의 심정은 어장관리나 그물이 아니었다. 이 사람이 넘어오면 내가 반드시 책임진다는 자세로 기도하며 추파를 던지기 시작했던 것이다. 그리고 우리는 지지고 볶는 연애 끝에 결혼에 골인했다.

### 아주 작고 사소한 표현이 열매를 맺다

또 한 명, 말 한마디로 시집을 가게 된 윤영의 이야기를 소개하고 싶다. 내 친구 윤영이는 내심 같은 교회의 경진 오빠를 괜찮게 생각하고 있었다. 하지만 자신의 상황도 그렇고 적극적으로 만남을 이어갈 용기도 없어서 데면데면 지내고 있었다. 그러면서도 나를 만날 때마다 경진 오빠 정말 괜찮지 않느냐며 화두에 올리곤 했다. 내가 잘해보라고 하면 이내 꼬리를 내리면서 "아니, 그냥 괜찮다고…" 하면서 말문을 닫았다.

경진 오빠는 그때 이미 혼기가 찬 나이였고 나와 친한 편이었다.

심심하면 나에게 전화를 걸어 자신의 외로움을 토로하곤 했다. 그러던 어느 날 역시나 경진 오빠는 교회 휴게실에 앉아 외롭다, 쓸쓸하다, 여자가 없다는 고독 어린 독백을 늘어놓고 있었다.

그때 마침, 타이밍도 기가 막히게 휴게실을 지나가던 윤영이는 오빠의 이야기를 듣고, 자기도 모르게 불쑥 이런 말을 내뱉고 말았다. "오빠, 그럼 저는 어때요?" 사람은 마음에 가득한 것을 입 밖으로 낸다고 하지 않았던가. 평소에 경진 오빠를 괜찮게 생각했던 윤영이는 전혀 의도하지 않았던 일인데, 엉겁결에 사람들 앞에서 그렇게 어이없게 폭탄발언을 하고만 것이다.

나는 그날 밤, 사고를 친 윤영이와 사고를 당한 경진 오빠의 전화를 번갈아 받아가면서 얼결에 뚜쟁이 노릇을 하게 되었다. 윤영이는 자기가 미친 거 아니냐고 창피해 죽겠다고 했고, 경진 오빠는 윤영이의 그 말이 어찌나 귀엽고 발랄하게 들리던지 윤영의 표정과 말이 머리에서 자꾸 맴돈다고 했다. 아주 외로웠던 남자의 마음에 결정적인 한마디를 던진 윤영이가 아예 동영상이 되어 가슴에 박혀버린 사건이었다. 그리하여 그들은 그날로부터 가장 가까운 공휴일에 만나 데이트를 했고, 그 후로 7개월여 만에 결혼에 골인했다. 윤영의 한마디가 그녀의 인생을 바꾼 것이다.


### 용기 한 줌으로 얻을 수 있는 수많은 것들

이 책을 읽고 있는 대부분의 여성들은 그리스도에게 헌신되어 있을 것이다. 그리고 헌신했던 그 시간 동안 많은 것을 포기했고 나와 같은 오류에 빠지기도 했을 것이다. 모든 유혹이 나쁜 것은 아니다. 자기가 얻기 원하는 한 사람을 향해 깨끗한 마음으로 예쁜 옷을 입고 의미심장한 한마디를 던져 관계를 이어가는 유혹은 나쁜 것이라고 볼 수 없다.

좋은 유혹에는 용기가 필요하고, 인생의 중요한 순간에 내는 용기는 삶에 값진 것들을 가져다준다. 그물스타킹에 미니스커트를 입고 봉춤을 추면서 유혹하라는 이야기가 아니다. 당신의 삶을 위한 용기를 내라는 것이다. 지혜 없이 막 들이대라는 게 아니다. 좋아하는 형제가 당신의 존재를 매력적으로 알아차릴 수 있도록 아름다운 용기를 내라는 것이다. 물론 여러 명에게 동시에 들이대서도 안 되고, 한 사람에게 수위를 조절하지 못한 작업을 해서도 안 된다. 남자들은 여자가 마구 다가오면 도망가게 된다. 샐러드 위에 허브가루를 살짝 뿌리듯 지혜롭게 표현해야 한다.

그렇다면 유혹의 정의를, 상대에게 당신을 센스 있게 어필하는 것, 언제나 수동적이어야 한다는 자신에 대한 고정관념을 용기 있게 뛰어넘는 것이라고 해두어도 좋을 것 같다.

좋아하는 형제가 당신의 존재를 알아차릴 수 있게
아름다운 용기를 내라.

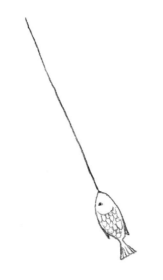

# 친구도 아닌 것이,
# 연인도 아닌 것이

'뒤통수 맞았구나'라고 느낄 때만큼 배신감이 드는 순간이 또 있을까. 특히 남녀관계에서 로맨스가 무르익는 분위기라고 느꼈으나 그와 내가 동상이몽이라는 걸 알게 되었을 때 더욱 그렇다. 그 순간의 당혹스러움과 초라함이란 겪어본 자만이 알 것이다. 게다가 알고 보니 그는 대놓고 어장관리를 하는 어부이고 나는 그의 153마리 물고기 중 한 마리에 지나지 않음을 알게 되었다면, 정말이지 수치심과 분노에 휩싸이지 않을 수 없다.

우리가 원하지 않는 신파에 휘말리게 되는 이유 중 하나는 바로 그놈의 몹쓸 '애매한 친밀함' 때문이다. 특히 교회공동체 안에서는 형제와 자매라는 호칭이나 '예수님 안에서'라는 미사여구를 안전장치로 건 관계가 넘쳐나기 때문이다. 막판에는 책임지지 않는 남녀 간의 정서적인 관계들로 기어이 한쪽 편에 상처를 남기고야 마는 왜곡된 친밀함이다.

이 애매한 친밀함의 개념을 설명하자면,

때로 제3자들이 '저들이 사귀나?'라고 한 번쯤 오해할 만한 관계,

스스로 '우리가 사귀려고 하나?'라는 의심이 드는 관계,

둘이서 밥 먹고, 고민을 이야기하고, 통화하고, 만나는 횟수가 양심적으로 '연인이 아닌 것치고는 좀 많지 않나?'라고 생각되는 관계,

친구도 아닌 것이 연인도 아닌 것이, 누군가 관계에 대해 물어보면 자신 있게 대답하기에는 찜찜함이 남는 그런 관계라고 할 수 있겠다.


이 죽일 놈의 애매함

헌신녀들은 나이와 위치상 애매한 친밀함에 빠져들어 피해자가 될 가능성이 상대적으로 높다. 상담 요청이라는 명분 좋은 구실로 많은 형제들이 한밤에 전화를 걸어 고민을 털어놓는다. 엄청나게 우울한 문자메시지를 보내 영적 어미인 그녀들의 모성본능을 자극하기도 하고, 챙겨준다는 명목하에 만나서 밥을 먹고 영화를 보기도 한다.

그런데 문제는 이런 관계에서 어떤 남자들은 정말 중요한 사랑에게만 자신의 고민을 이야기하고 조언을 구하는 게 아니라는 점이다. 별일이 없어도 본인들이 '땡길' 때 정기적으로 그녀들을 찾아 치대

는 것이다. 안 그래도 외로운 그녀들은 한밤중에 심심치 않게 전화해 고민을 털어놓으며, 다가오는 그의 목소리에 중독되어 간다. 그녀들은 방어할 타이밍을 놓친 채 애매한 친밀함에 서서히 말려들기 시작한다.

그리하여 결국 그와 그녀는 친해지게 된다. 여기서 또 문제가 있다. 두 남녀가 생각하는 결말이 다른 경우가 많다는 것이다. 애매한 관계가 어느 지점에 이르면 그녀들은 답답해지고 신경이 쓰이고 지쳐가기 시작한다. 친하긴 한데, 또 아무것도 아니라면 아닌 사이인 애매한 관계 결론이 필요하지만 둘 중 한 명이 용기 내지 않는다면 뭣도 아닌 상태로 지구 끝까지라도 갈 기세인 그들의 관계는 그녀들의 마음을 무겁게 한다. 남자가 그녀와 애인이 되고자하는 마음을 먹고 이런 관계를 형성한다면 다행이지만, 보통은 우리의 기대와는 다른 결말을 맞이하는 경우가 많다. 기대와 다른 결말들은 보통 알고 보니 그가 이미 다른 여자와 교제 중이었다, 나 말고도 이렇게 정서적으로 깊은 대화를 나누면서 친밀하게 지내는 여인네들이 서넛은 된다, 나를 애인화할 생각은 전혀 없다, 뭐 이런 것들이다. 애매한 친밀함의 흔한 결말 중 하나다. 그러나 대개 이런 경우 헌신녀들은 속으로만 끙끙 앓는다. 웬만해서는 용기 내어 형제들에게 관계에 대해 묻지 못한다.

나와 내 주변의 자매들도 이런 애매한 친밀함에 묶여 곤혹스러운 경험을 한 적이 꽤 있다. 어쩌면 그들에게 우리는 웬만해서는 스캔들이 나지 않을 만만한 대상들인지도 모른다. 그들은 우리가 외롭고, 우리에게 다가오는 자신을 남자로 볼 수 있다는 사실을 간과한다. 우리도 감정의 폭풍을 겪을 수 있는 연약하고 외로운 여자들이라는 걸 생각해주지 않는다.

그러나 자존심이 좀 상하는 일이지만, 우리는 형제들이 그런 식으로 연락을 계속해오면 그가 영 아닌 이상 다른 생각이 들기 시작한다. 그를 향해 점점 마음이 움직인다. 특히나 여자는 남자의 목소리를 들으면 반응을 하게 되어 있다. 길고도 주기적인 통화는 별 생각 없던 마음에도 돌을 던져 작은 파장을 일으키는 경우가 많다. 그러다 보면 그의 전화를 기다리게 되고, 조금 더 발전한 관계를 기대하게 된다. 그런 식으로 시간은 흐르고 지지부진한 상태가 길어지지만, 관계에 대한 정확한 정의는 없다. 그리고 결과는 앞에 이야기한 결말들 중 하나인 경우가 많다.

대형교회에서는 이런 경우 때문에 교회 홈페이지가 뜨겁게 달구어진 적도 있다. 뒤통수를 맞았다고 느낀 자매가 한 형제에 대해 글을 올렸고, 그 글을 본 자매들이 나도 그 형제에게 당했노라며 덧글을 이어갔다. 모두가 지혜롭지 않은 행동이었지만 교회공동체 안에 문제의식 없이 너무나 많이 일어나는 일들이 수면 위로 떠오른 것뿐이었다. (물론 반대인 경우도 많다. 형제들만을 매도하는 것으로 오해하지 않았으면 좋겠다.)

정확한 이유와 책임감 없이 그냥 전화하고 만나고 영화 보고 밥 먹고 할 얘기 안 할 얘기 다하는, 애매하게 친밀한 사이들이 공동체 안에 얼마나 많이 존재하는지 모른다. 내가 하는 행동이 상대의 정서에 어떤 영향을 미칠지 고려하지 않으며, 나중에 문제가 생기면 '그럴 마음이 아니었다'라는 식으로 비겁하게 대답한다.

### 당신의 책임감은 어디로 사라진 걸까

우리는 그리스도인이고 무책임하게 행동하면 안 되는 사람들이다. 상담이라는 탈을 쓰건, 친구라는 정직하지 않은 타이틀을 달건, 공동체 안에서 어떤 형태로든지 나의 외로움과 굶주린 정서를 채우기 위해 누군가를 이용하는 건 옳지 않다. 나는 공동체 안에서 애매한 통화와 문자메시지, 만남, 영화 관람, 식사 같은 건 사라져야 한다고 주장하는 사람 중 하나다. 그런 정의되지 않은 만남 속에서 얼마나 많은 사람들이 정서적 에너지를 빼앗기고 이용당하고 상처 받으며 죄를 짓는지 모른다.

또한 자매들이 피해자의 입장에서 억울함을 호소하고만 있는 것도 옳지 않다. 그들이 우리를 이용하도록 허용한 건 우리 자신이다. 그렇다면 형제들이 그런 식으로 다가올 때 어떻게 해야 할까.

그 형제에게 왜 나에게 전화하느냐고 정확히 물어보라. 아마도 형제는 당황하고 주춤할 것이다. 좋은 형제이고 나를 선택할 마음이 있는 형제라면 그 당시에는 당황해도 건강한 관계로 만남을 발전시킬 것이다. 그렇지 않은 형제라면 우리는 최소한 그 형제가 좋은지 나쁜지 판가름할 수 있다.

나 같은 경우는 한 형제가 거의 1년이 넘도록 애매한 친밀함을 형성하며 주변을 맴돌았다. 그는 집에 찾아오기도 했고 일하는 곳에 오기도 했으며 비싼 밥도 사주었다. 하지만 그 이상의 관계에 대한 이야기는 없었다. 남녀관계에 있어서만큼 소심했던 나는 형제가 계속 주변에서 얼쩡거리는 것이 신경이 쓰이고 에너지를 빼앗겼지만 대놓고 관계에 대해 묻지 못했다.

나는 상당한 스트레스를 받았다. 이런 나를 본 주변의 간사님들이 조언해주기를, 그 형제에게 성큼 다가서보라고 했다. 나와 연인이 될 생각이 확실히 선 것이 아니면 떨어져나갈 것이라고 했다. 그래서 나는 형제에게 전화를 걸어 어디를 좀 같이 가자는 부담을 느낄 만한 제안을 했다. 그는 매우 친절하게 거절하더니만 그 후로 다시는 나에게 전화를 걸지 않았다. 그렇게 1년여에 걸친 애매한 관계는 정리되었다. 나는 직업상 형제들이 관계를 걸어왔다가 발 빼기 참 좋은 대상이었다. 사역자인 그녀는 고민을 이야기하는 편안한 대상이었을 뿐이었다.

이런 식으로 얼버무리면 큰 무리 없이 해결할 수 있었다. 나는 눈치가 좀 없는 노처녀가 되면 그만이었다. 나에게 수십 번 전화를 해 온갖 고민을 이야기하면서 외로운 나를 괴롭게 해놓고, 어느 날엔가 갑자기 애인이 생겼다며 웬 자매를 데리고 나타나 결혼을 한다. 그러더니 생일에도 축하 문자메시지 하나 날려주지 않는 발뺌 형제들이 한둘이 아니다. 하지만 그들만큼 그 시절의 나에게 큰 문제가 있었다는 걸 안다. 그들은 그들의 정서를 책임감 없이 나에게 푸는 것이 나를 이용하는 죄라는 걸 몰랐고, 나는 외로움과 무지로 형제와의 관계를 깔끔하게 유지하는 똑똑한 정서를 가지지 못했다.

### 더 깨끗한 사랑을 받는 그릇

교회 안의 외로운 올드미스들이 이런 종류의 일로 적지 않은 상처를 받고 있는 경우를 많이 본다. 기억해야 할 것은 외로운 우리는 그런 관계 안에서 미래를 기대한다는 점이다. 하지만 상담자의 역할과 어머니 같은 역할로 그들을 챙겨주는 방식을 통해 여자로 선택받기를 기대하지 않으면 좋겠다. 정확한 의사표현이 없다면 아닌 것이다. 당신이 애매한 관계에 빠져 있다면 계속 관계에 끌려 다니지 말고, 왜 나에게 전화하는지, 왜 우리가 만나는지에 대해서 정확히 묻기 바란다. 그렇다고 막 따지듯이 다그치지는 마시라. 이야기를 꺼내 상대가 나를 여자로 대하는 게 아님이 분명해진다면, 이렇게 자주 통화하고 만나고 개인적인 관계를 갖는 건 좋은 방법이 아닌 것 같다고 용기 있게 이야기하고 자신을 보호하기를 바란다.

헌신되지 않고 명확히 규정되지 않은 관계 속에서의 정서적인 친밀함과 일치감은 결국 상대에게 상처를 주고 배신감을 남긴다. 남녀 관계란 언제나 관계의 선이 명확한 것이 중요하고 교회 안에서는 더더욱 그렇다.

당신이 애매한 친밀함에 빠져 있다면 하루라도 빨리 정리하라. 그런 애매한 친밀함이 좋은 남자가 오는 길을 막고 있다. 당신을 친근히 대하는 남자를 향해 혼자서 상상의 나래를 펴지 말자. 당신의 비밀을 지켜줄 수 있는 신뢰할 만한 주변인들에게 그에 대한 객관적인 조언을 구하는 게 좋다. 그가 다른 자매들을 어떻게 대하는지 면밀히 관찰해보고, 애매한 문자메시지를 분별해 나가길 바란다. 좋아하는 것과 친한 것은 다르다. 애매한 친밀함 속에 당신의 시간과 정서를 빼앗기지 말자. 은근히 그 관계를 즐기는 자매도 있다. 책임감 있는 남자의 깨끗한 사랑을 받는 여자의 길을 걷게 되기를 바란다. 더 이상 형제들이 보내는 '사랑합니다, 예수님 안에서'라는 스팸보다도 못한 문자메시지는 거절할 수 있기를 바란다.

# 예뻐지는 것은
# 죄가 아니다

내면만으로 승부를 거는 것은 형제들에게 어려운 숙제를 던지는 것.


나는 키가 꽤 작은 편인데 한 때 몸무게가 60킬로그램에 육박한 적이 있었다. 키 큰 여자야 그런 상한가는 커버가 되겠지만, 내 키에 60킬로그램이 넘었다는 건 상당히 육중하고 둥근 몸매를 소지하고 있다는 이야기다.

그때 후배 중에 나를 '소시지'라고 부르는 친구가 있었는데, 나의 올록볼록한 팔의 살들이 포동해서 먹음직스럽다며 그렇게 부른 것이었다. 그때는 길을 지나갈 때 길을 물어보는 사람들도 방년 22세의 나를 "아줌마"로 불러 세웠다. 목욕탕에 가면 모르는 할머니가 "돌아다니는 애기 안 보고 뭐하냐"며 면박을 주기도 했다(모르는 애기를 왜 나더러 보라는 건지). 급기야 지하철에서 자리를 양보받는 사태도 생겼다. 내가 임산부인 줄 알았던 것이다. 진짜 임산부인 지금은 자리를 양보받기가 어려운데, 아가씨 시절 오직 지방으로 이루어진 나의 베이비들 덕에 자리를 양보받는 호사를 많이 누렸다.

그때를 돌아보면 살이 찔 이유가 분명히 있었다. 첫 번째는 아버지의 부재로 인한 애정결핍이 있어서 항상 먹고 싶은 욕구에 시달렸다. 사랑을 대신할 달콤한 것이 당겼다.

이십 대 후반에 간사 훈련을 받으며 내면의 문제와 상처로 씨름하면서 조금씩 해결점을 찾기 시작했다. 애정결핍이 사라지기 시작했고 간사훈련 기간 석 달 동안 가만히 앉아 강의만 들었는데도 불구하고 4킬로그램 정도 살이 빠져 퇴소했다. 회복과 함께 식욕도 균형을 찾아가기 시작했다.

내가 살이 쪘던 두 번째 이유는 당시 삶의 패턴에 있었다. 그때는 주님을 인격적으로 만나 세상과 나는 간 곳 없고 구속한 주만 보이던 시기였다. 그래서 모든 것을 버리고 주님의 일에 매진했다. 연애도 버렸고, 알바도 버렸고, 외모도 버렸고, 가끔 학업도 버렸다. (가끔이지만, 학업까지 버린 건 절대 훌륭한 선택은 아니었다. 따라하지 마시길!) 그때는 그렇게 하는 것만이 전폭적인 헌신이라고 알고 있었던 시기였다.

그랬기 때문에 나는 모임이 많았다. 교회 모임과 더불어 학교에서 하는 선교단체 모임도 있었다. 거의 매일 모임을 가졌고, 모임을 할 때마다 고칼로리 저영양의 간식들은 대화와 함께 넘쳐났다. 주로 튀김, 떡볶이, 오징어, 자판기 커피, 피자, 자장면 등이 주 메뉴였다. 나의 살은 그것들과 더불어 나날이 풍성해져갔다.

그러면서 나의 외모는 남자들이 보기에 예쁘다는 범주에서는 점점 멀어져갔다. 대신 붙기 시작한 수식어는 믿음직스러운, 신실한, 일 잘하는, 헌신적인, 뭐 이런 종류의 말들이었다. 그러면서 이런 착각을 했다. 외모에 너무 신경을 쓰는 건 영적이지 않다, 신실하지 않다, 외모에 무심한 것이 영적인 증거다… 등의 균형 잃은 생각을 무의식중에 했다. 그리고 나만의 착각이었는지 모르지만, 기독공동체에서 흐르는 묵언의 메시지 또한 '외모는 영적인 것보다 가치가 없다'였다.

### 거짓메시지에 사로잡힌 그녀들

그래서 물론 나름대로 꾸미기는 했으나, 예뻐지려고 신경을 많이 쓰고 노력하는 건 죄를 짓는 것이라는 극단적인 생각을 했다. 지구 반대편에서 굶어 죽어가는 아프리카 어린이가 몇인데 내가 비싼 볼륨 매직펌을 할 수는 없지, 모든 것은 헛되고 헛된데 내가 이런 화장품을 쓸 수는 없지, 하면서 하나둘씩 외모와 관련된 것들을 터부시하기 시작했다.

그러면서 마음속으로는 예쁘고 날씬한 여자들을 참 많이 시샘하고 부러워했다. '어떻게 저런 분위기가 나지?' '저 아이는 참 청순하구나.' 그렇게 마음속으로 시작되는 비교 속에 나는 외모를 포기하고, 내면과 영성과 인격으로 승부해 사랑을 얻겠다는 나름의 철학을 구축해나가기 시작했다. 영성과 성품을 고치는 것이 백 배는 더 고통스러운 과정인 줄도 모르고 말이다.

그리고 이런 생각을 더 굳히게 하는 사건이 있었다. 그때 다니던 교회의 오빠 하나를 은근히 마음에 두고 있었다. (연애는 버렸으나 남자를 버린 것은 아니었다. 주로 짝사랑 전문이었다.) 어느 날 교회 식당에서 같이 밥을 먹던 오빠가 나에게 청천벽력과 같은 이야기를 마구 내뱉었다. "야, 너는 정상이 아니야. 살 좀 빼. 대한민국 평균은 돼야지. 여자는 분위기가 중요한 거야." 내가 도끼눈을 하고 노려보자, 한술 더 떠서 "어휴, 고집까지 센 거 봐"라며 말문을 닫았다.

그 말에 정말 깊은 상처를 받았다. 그리고 '그래, 나는 정말 뚱뚱하고 별로구나'라는 생각을 하면서 거울 속의 나 자신을 거절하기 시작했다. 말의 권세란 얼마나 놀라운 것인지, 그날 이후로 이십 대의 시간을 '그래, 난 여자로서 매력이 없어. 난 별로야'라는 생각 속에 갇혀 지냈다. 참으로 억울한 일이다. 꽃다운 시기를 그런 거짓메세지 속에서 보내다니.

그러면서 여성으로서 예뻐지는 건 포기하자는 생각을 굳혀갔고, 예쁜 여자를 좋아하는 형제들을 원망하고 정죄하기 시작했다. '외모 안 본다더니, 완전히 거짓말이었잖아', '남자들은 예쁜 것들을 좋아하는 속물이야', '그들의 영성은 좋아하는 여자를 보면 알아' 하는 식으로 마음속에서 형제들을 비난하기 일쑤였다. 그리고 정말 궁금해지기 시작했다. 왜 형제들은 예쁜 여자를 좋아하는 걸까? 정말 남자들은 외모를 포기하지 못하나? 왜? 그게 정상이야? 아니, 주님 만

사랑하기 좋은 날

났다면서 도대체 왜 꼭 예뻐야 하냐고. 이런 혼란과 남자들에 대한 오해가 가득했다.

그렇게 이십 대가 지나고 삼십 대가 되어 결혼을 하면서 좀 더 열린 마음을 가지고 남자들과 대화하게 되었다. 그 결과 남자들이 예쁜 여자를 좋아한다는 것의 의미가 구체적으로 어떤 의미인지를 조금 알게 되었다. 그 사실을 좀 더 일찍 알았더라면 많은 시간 불특정다수의 형제를 원망하지 않고 나를 좀 더 사랑하면서 지낼 수 있었을 거라는 아쉬운 마음이 많이 들었다.

결론부터 이야기하자면, 남자들이 예쁜 여자를 좋아한다는 의미는 모두가 김태희를 원하는 건 아니라는 의미다. 미에 대한 남자들의 기준은 매우 주관적이어서 자기 눈에 아름다우면 아름다운 것이다. 물론 객관적으로도 예쁜 미인을 보면 남자들은 예쁘다고 생각한다. 하지만 더 나아가 자신을 관리하는 여성을 보면, 그녀가 보편적으로 생각하는 미인이 아니고 키가 작거나 살이 쪘거나 장애가 있거나 해도 예쁘고 아름답다고 생각한다는 것이다.

결국 여자들이 자신을 사랑하는 마음의 태도와 외모가 자연스러운 조화를 이루어 자기만의 매력으로 자신을 잘 가꿀 때 남자들은 그녀가 예쁘다고 느낀다. 단, 그럼에도 불구하고 형제들은 자기가 생각하는 일정 기준이 있다. 그 기준점에 있는 여자들에게만 일단 호감을 느끼는 게 사실이기 때문에 상식선에서 괜찮다는 범주 안에 들도록 자신을 관리하는 건 중요하다.

형제들은 외모를 포기하기가 어렵다. 그들이 한 자매에게 헌신하고 인내하고 갈등을 극복하고자 노력하는 에너지에 가장 많은 영향을 끼치는 것은, 사랑하는 그녀의 아름다움에서 나온다고 해도 과언이 아닐 정도니까.

하지만 절대로 그런 형제들을 외모를 취한다고 정죄해서는 안 된다. 사회 자체가 아름다움을 우상시하는, 지나친 외모지상주의에 빠져 있기 때문에 그렇지, 남자들이 아름다운 여성을 좋아하는 건 무조건 정죄받을 만한 일이 아니다. 그렇게 지음을 받은 존재들이다. 오히려 끝까지 외모를 포기하지 못하는, 타락한 죄인이자 한낱 인간에 불과한 남자들이 가진 연약함을 긍휼히 여겨줘야 한다.

아담은 하와를 처음 본 순간 이는 내 뼈 중의 뼈요, 살 중의 살이라는 최고의 사랑 고백을 했다. 내 생각엔 하나님이 아담의 취향대로 하와를 디자인하지 않으셨을까 싶다. 아담은 하와와 밥 한 끼 먹지 않았고 그녀의 성격과 인품도 몰랐지만 그녀에게 반했다.

### 왜곡되고 상처 받은 아름다움

아름다운 여성을 좋아하는 건 남성들의 정상적인 태도이다. 그런데 문제는 교회가 남성들의 이런 반응을 정죄하는 분위기를 풍긴다는 것이다. 이와 세트로 여자들이 외모를 꾸미는 일을 비영적인 일인 것처럼 몰아가는데, 그건 정직하지 않은 현상이라고 생각한다. 이런 태도가 많은 청춘남녀들을 불필요한 죄책감과 무지 속으로 내몰고 있다는 생각이 든다. 이 책을 읽는 여러분 중에 예뻐지는 것이 세속적이고 그것에 돈을 쓰는 것을 죄스러워하는 자매들이 있다면 일단 여러분의 내면을 들여다보기 바란다. 물론 명품을 감고 돈을 펑펑 쓰라는 이야기가 아니다. 왜 그런 생각을 하게 되었는지, 그것이 진정한 자기사랑의 동기인지, 무지 혹은 잘못된 메시지와 상처 때문에 그런 선택과 가치관을 가지게 된 건 아닌지 고민해봤으면 좋겠다는 뜻이다. 우리는 영육이 분리된 존재들이 아니다.

나는 가정에서 받았던 많은 아픔들이 치유되면서 애정결핍이 사라지기 시작했다. 열린 관점을 접하면서 여성이 외모를 가꾸는 게 죄가 아니라는 것도 알게 되었다. 열심히 다이어트도 했고, 나만의 아름다움을 찾고자 노력했고 지금도 노력하고 있다.

아름다움을 숭배하고 아름다움을 이용해 사랑을 얻으라는 이야기가 아니다. 남자들이 바보가 아닌 이상 그들은 외모를 보지만 결혼할 여자는 반드시 내면도 본다. 하지만 당신의 내면으로만 승부하고자 한다면 그건 매우 어려운 숙제를 남자들에게 내주는 것이다. 당신처럼 좋은 여자를 좀 더 쉽게 알아볼 수 있도록, 외모를 조금만 더 가꾸어주는 센스를 발휘해준다면 누이 좋고 매부 좋은 일이다.

남자들은 생각한다. '누구누구는 성격이 정말 괜찮아. 너무 좋은데 조금만 더 여성스럽게 꾸미면 좋겠어.' 누군가는 오늘밤 당신에 대해 그런 생각을 하면서 잠이 들지도 모르겠다.

결혼을 하고 어느 날, 이십 대 시절 그 통통했던 사진을 남편이 우연찮게 보게되었다. 항상 "나 예전에 되게 뚱뚱했었어"라고 말해왔지만 그 증거를 본 적은 없었던 남편인지라 나는 내심 긴장이 되었다. 사진을 보고 어땠냐는 질문에 남편은 아주 선한 표정으로 이렇게 말했다. "아주 좋은 친구가 되었을 것 같아."

우리는 웃었다. 농담 반 진담 반이었지만, 형제들의 정직한 마음은 그런 것이다. 미용실에 가서 머리를 예쁘게 단장하고 치마를 입고 자신에게 맞는 외모를 가꾸고 투자하는 일은 결코 죄도 아니고 세속적인 일도 아니다. 그런 행위들이 자기의 내면과 맞물려 성숙해갈 때 우리는 전인격적으로 성장해간다.

### 건강한 매력의 소유자

진정한 성장은 조화를 이룬다. 당신의 감정, 내면, 영적인 세계, 외모가 모두 하모니를 이루어 열매를 맺어가는 건 가치 있는 일이다. 고운 것도 헛되고 아름다운 것도 헛되지만 잠언의 현숙한 여인도 자신을 위해 아름다운 방석을 지었다. 자색 옷을 입으며 자신의 아름다움과 지위를 표현했다. 바울이 금이나 진주나 값진 옷으로 단장하지 말라고 권면했던 건 당시 교회 안에서 과도하게 장식을 하며 값비싼 치장을 과시하는 부유한 여인들이 위화감을 조성했기 때문이었다.

성경은 여성의 아름다움 자체를 죄라고 하지 않는다. 그것을 어떻게 사용하느냐가 문제이다. 데릴라와 같이 자신의 미를 통해 한 남자를 파괴하고 이용할 것인지, 에스더처럼 자신의 민족을 구할 것인지는 당신의 성품에 달려 있다. 하나님은 모든 여성들에게 고유한 매력을 주셨다. 당신의 고유한 매력을 사장시키지 않기 바란다.

오늘도 이불 속에서 갓 나온 것과 같은 자태로 교회에 가는 자매들을 보면 이렇게 외치고 싶다. "머리를 한번 풀어보시는 건 어떨까요. 예뻐지는 건 죄가 아니랍니다. 제발 위아래 옷 색깔이 어울리는지, 그 신발이 그 바지에 어울리는지 한 번만 더 생각하고 집을 나서자구요!"

당신의 감정, 내면, 외모가 하모니를 이루는 건
가치 있는 일이다.

# 단 하나의 콘셉트를
## 잡아라

마음에 드는 형제가 있다면 소극적인 기도만 하지 말고
다른 액션을 취해보라.

아줌마가 되고 나서부터 관심 있게 보게 된 TV프로그램이 있다. KBS 2TV에서 방영하는 〈리빙쇼! 당신의 여섯 시〉라는 프로그램인데, 그중에 '변신! 줌마투어'라는 코너가 특히 내 구미를 당겼다. 결혼 후 아기를 낳고 키우느라 자신을 돌볼 여력이 없었던 그녀를 안타깝게 여긴 가족의 의뢰로 대변신을 하게 된다는 내용이다. 각 분야의 뷰티전문가들은 묻혀 있던 그녀들의 고유한 매력을 찾아내 새로운 헤어스타일과 옷으로 몰라보게 변신시킨다. 확 달라진 그녀들이 짠! 하고 나타나면 남편들은 함박웃음에 박수를 치고 아이들은 예뻐진 엄마를 보고 무척 좋아한다. 이때 보통 그녀와 그녀의 여동생, 그리고 언니들은 눈물을 흘린다. 아내로서 어머니로서 살아온 시간 속에 많

184

은 부분을 희생해왔음을 느끼게 한다.

## 멋있지만, 안 생겨요

교회 안의 올드미스들도 이와 같이 '변신이 필요한 아줌마' 같은 면이 있지 않나 싶다. 그녀들은 계속되는 싱글의 시간 속에서 자신만의 고유한 매력이 있다는 사실조차 잊고 살아간다. 시간이 흐를수록 여성으로서 적극적으로 자신을 드러내는 일을 어려워한다. 때로 건조하고 강해 보이기까지 한다. 하지만 그녀들은 사회생활의 연륜으로 강해 보일 뿐 실제로 마음은 천상 여자이건만, 섭섭하게도 '세다'는 평가를 피해가지 못한다. 하지만 애써 자신의 속내를 보이지 않는다면 남자들은 영원히 그녀들을 오해할 수밖에 없다.

나는 선교단체 선교부에서 일했는데, 선교부가 주최했던 캠프에서 있었던 일이 생각난다. 선교단체 박람회를 통해 학생들에게 해외파송 선교단체를 소개하는 시간을 가진 적이 있었다. 그 자리에는 자매 간사들도 많이 왔는데 대부분 싱글이었다. 헌신한 자매일수록 싱글이라는 꼬리표를 붙이고 다녀야만 하는지 통탄할 노릇이었다.

아무튼 프리젠테이션 시간이 되어 한 단체씩 나와 소개하는 시간을 가졌다. 그리고 한 단체의 자매 간사님이 나와서 프리젠테이션을 하는데 어찌나 멋들어지게 하는지 입이 딱 벌어질 지경이었다. 토씨 하나 틀리지 않고 발음도 정확한 데다 내용도 분명하고, 게다가 수준 높은 정보와 놀라운 전달력까지 갖추고 있어 감탄이 절로 나왔다. 그때 옆자리에 앉아 있던 남자 선교사님 한 분이 넌지시 말을 걸어왔다. 처음 뵌 분이었는데 서글서글한 인상에 넉살이 좋은 스타일이었다. 그분은 내 손에 있는 반지를 보더니 "결혼하셨죠?"라고 간단히 나의 신분을 확인했다. 그러고는 안심했다는 듯 "참 똑똑하죠?" 하고 말을 건네왔다. 앞에서 발표를 하고 있는 자매 간사를 두고 하는 말이었다. 내가 웃으며 고개를 끄떡이자, 그분은 다시 한 번 "참 똑똑해요. 근데 그래서 남자가 안 생겨요. 생기기가 어려워…"라고 묻지도 않은 말을 했다. 나 역시 한숨도 쉬고 고개도 저으며 안타까운 마음을 표현했다.

또 한 분의 선교사님은 "1월은 선교단체 사무실에서 아주 조심해야 하는 기간"이라고 이야기했다. 1월은 싱글 자매 간사들이 한 살 더 먹은 달로서, 기본적으로 심기가 불편하기 때문에 말실수를 하지 않도록 조심해야 한다는 것이다. 그날의 이야기는 "이렇게 좋은 자매들에게 남자가 안 생기냐? 참 큰일이야"라는 누군가의 멘트로 마무리 되었다. 그녀들은 사람들에게 어느새 불쌍한 존재로 비춰지고 있었다.

그녀들은 인간적으로 훌륭하지만 아이를 키우느라 자기의 여성적 매력을 잃어버린 엄마 같은 느낌을 준다. 당찬 말투, 어딘가 건조해 보이는 강인함, 비장한 표정, 강한 눈빛…. 그런 것들을 남자들은 불편해하는 것 같다.

자매들이 자신만의 고유한 매력을 발견하고 콘셉트를 잡는 일은 평생에 걸쳐서 유익하고 중요한 일이라고 생각한다. 콘셉트는 외적인 분위기와 내적인 성향을 모두 포함한다. 외적인 콘셉트와 내적인 콘셉트를 함께 잘 잡아 가장 당신다운 모습으로 성장하는 일은 매우 아름답다.

외적인 콘셉트로는 귀여운 여자, 섹시한 여자, 바람에 날아갈 듯 청순한 여자, 예쁜 것 하나로 말이 필요 없는 여자, 도시적이고 세련된 여자, 참해 보이는 여자 등이 있을 것이다. 내적인 콘셉트로는 애교는 좀 없지만 모든 것을 편안히 이야기할 수 있는 친구 같은 여자, 애교 많은 여동생 같은 여자, 믿음직스럽고 어머니같이 푸근한 여자, 당차고 씩씩한 여자 등이 있을 수 있겠다. 당신은 어떤 콘셉트를 지니고 있는가?

남자들은 보통 끌리는 스타일에 계속 끌린다. 그 취향은 잘 변하지 않는다. 무슨 공식 같다. 귀여운 스타일의 여자를 좋아하는 남성들은 대부분 귀여운 범위 안의 여자들에게 끌린다. 섹시한 스타일에 끌리는 남성들은 그 범위 안에 있는 여성들에게 끌린다. 이런 취향은 결혼을 해도 잘 변하지 않는다고 한다. 그렇기 때문에 고유한 매력을 발견해 콘셉트를 잡고 자신을 관리하는 건 앞으로의 결혼생활을 위해서도 중요한 일이다. 자칫 외적 콘셉트를 잡는 일이 우스워보일 수 있지만 우리의 외모는 내면과 연결되어 있다. 그 과정이 당신의 자아를 발견하고 사랑하는 방향으로 진행될 때 내적인 성장도 가져온다.

단, 콘셉트를 잡을 때 주의할 점이 있다. 작다고 다 귀여운 게 아니고 말랐다고 다 청순한 것도 아니라는 점이다. 그러니 혼자 착각하지 말고 당신에게 가장 잘 어울리는 콘셉트를 발견하기 위해서는 주변의 남성 6인과 센스 있는 여성 4인에게 당신의 스타일은 무엇인지 물어보는 것이 좋겠다. 여러 콘셉트 중에 100퍼센트 한 가지 모습만 우리에게 있는 건 아니지만 가장 주된 분위기가 무엇이냐고 한번 물어보시라. 그들의 대답은 당신이 예상한 것일 수도 있고 전혀 의외의 답일 수도 있다. 주변의 10인이 이야기해준 그것이 아마도 당신이 매진해야 할 콘셉트일 확률이 높다.

### 자존심 말고 자신감!

우리 시대는 왜곡된 자아상을 가지고 살아가는 사람들이 많기 때문에 자신의 콘셉트를 알게 되는 과정에서 어떤 이들은 적지 않은 충격을 받으리라 생각된다. 하지만 이런 과정을 통해서 자신을 찾아가게 된다면 그건 참 기쁜 일이다. 사람들이 말해준 그것을 주님 앞에서 자신의 콘셉트로 인정하게 되었다면 그다음에 할 일은 그것을 집중해서 발전시켜가는 일이다. 귀여운 여자가 섹시하기 위해 애쓰면 안쓰러워 보이고, 도시적이고 세련된 스타일의 여자가 청순하려고 애쓰면 그렇게 허전해 보일 수가 없다. 다른 사람을 부러워하지 말고 자기에게 어울리는 콘셉트를 찾아 매력을 극대화하시라. 옷도 머리도 그동안 어울리지 않은 스타일을 뒤집어쓰고 있었다는 걸 발견하게 되면, 어울릴 만한 친구에게 그 스타일을 아낌없이 택배로 보내버리는 것이다.

나는 아무런 콘셉트가 없는 사람이었다. 나의 콘셉트는 '간사님'이었다. 남편이 좋아하는 여자의 콘셉트는 옷을 잘 입는 도시적인 여자이다. 남편의 취향은 그의 주변인으로부터 넌지시 알아낸 귀한 정보였다. 그러나 남편을 만났을 시점에 나는 간사용 옷들만 있었을 뿐 도시적이고 세련된 스타일의 옷은 별로 없었다.

그 시기 나는 과감히 내 스타일을 버리고 다른 옷을 몇 벌 샀다. 그리고 교회에 갈 때마다 그 옷을 입고 남편 앞을 괜히 왔다갔다 했다. 직선으로 갈 길을 돌아가기도 하고 안 마셔도 될 물을 마셔가면서 주변을 맴돌기를 3주쯤 했을까, 드디어 남편으로부터 반응이 왔다. "지윤아, 너 옷을 참 잘 입는구나!" 옳거니! 마음속으로 박수를 쳤다. 그리고 그날 밤 친구와 통화를 하면서 일단 눈에 보이기 시작했으니 이제 반은 된 거라면서 좋아라했다.

올드미스들은 자신감을 가질 필요가 있다. 주변에 마음에 드는 형제가 있다면 소극적으로 기도만 하면서 애태우지 마라. 그의 취향, 즉 그가 끌리는 콘셉트를 알아보고 가능성이 있다 싶으면 매력을 어필해 다가가는 용기가 필요하다. 만일 나의 존재와는 너무나 다른 취향을 좋아하는 사람이라면 현실적으로, 그리고 시간상 그를 추천하고 싶지는 않다. 이런 이야기를 하는 사람이 있을 수도 있겠다. "그런 콘셉트와 상관없이 대화가 잘 통하고, 그러다 보니 친구가 되고 연인이 된 경우도 많은데, 이렇게까지 하기엔 좀 비굴하지 않아요?" 그런 정들기 작전은 이십 대 초반에 했어야 했다. 우리는 이제 정들기 작전이 통하기엔 조금 늦었다고 봐야 한다.

외적인 콘셉트 못지않게 내적인 콘셉트도 중요한데, 이것도 역시 주변인들에게 물어보는 것이 도움이 될 것이다. 그들은 당신의 장단점을 잘 알고 있다. 결국 내적인 콘셉트라는 건 성품과 인격, 장점의 극치를 발견하고 그것을 계속 계발하면서 거기에 여성성을 더해가는 과정이다. 어릴 적에 어머니를 잃고 언제나 불안한 마음으로 돌봄을 기다려온 남성이라면 되려 돌봐주어야 하는 여동생 같은 여자보다는 믿음직스럽고 씩씩한 여성에게 편안함을 느끼게 된다. 차가운 분위기 속에서 독립적인 생활을 하도록 양육을 받은 남성들 중에서 내적 만족이 없었을 경우에는 그가 그리는 어머니처럼 따뜻하고 다정한 여자에게 매력을 느낄 것이다. 당신이 가진 고유한 내면의 세계를 필요로 하는 남성들이 많다.

관건은 당신 스스로가 어떤 스타일인줄을 알고 있으며, 어떤 여자인지를 드러낼 수 있느냐는 것이다. 일명 노처녀 히스테리라고 하는 정서의 건조함 속에 허우적대면서 다가가기 어려운 여자라는 평가속에 아파하지 말자. 하나님에게 당신의 내면의 고유한 꽃이 활짝 피어 그 향기가 펄펄 풍기게 해달라는 기도는 우리에게 절실하게 필요하다.

### 당신 안에 숨겨진 보석

헌신된 여자들은 '세다', '강하다'라는 수식어가 따라다닌다. 우리를 몰라주고 그런 말을 마구 던지는 사람들도 야속하지만, 그 평가 앞에 내가 놓치고 있는 여성다움은 무엇일까 반드시 생각해야 한다. 우리가 되찾아야 하는 여성다움은 어떤 걸까? 딱딱한 말투로 요점만 전달하는 여자보다는 친절하고 상냥한 말투로 안부를 묻는 여자가 더 편안하다. 한겨울에 남자 양복바지 같은 면바지에 잠바를 입고 푸근하게 다니는 여자보다는 라인 잘 빠진 코트에 스카프를 두르고 손을 호호 부는 여자에게 커피 한 잔 더 사고 싶어지는 것이다.

콘셉트에 대한 이야기를 했지만, 그전에 먼저 당신 안에서 이제 그만 꺼내달라고 아우성치는 '여성성'이 밖으로 나올 수 있도록 문을 열어주어야 한다. 콘셉트를 끌어내는 건 당신 안에 없는 것을 인위적으로 포장하고 만들어내는 과정이 아니다. 그건 원래부터 당신 안에 있었던 것으로 미처 발견하지 못했던 보물과 같다. 이제 '영적 어머니' 콘셉트는 버리자. 매력을 발견해가는 노력을 통해 그동안 꿈에도 몰랐던 당신 안의 보물을 찾게 될 것이다.

# 로맨스 영화의
# 주인공이 되라

첫 번째 소개팅의 문은 로맨틱하게 열어야 한다.

혹시나 해서 나갔던 소개팅에서 역시나 하고 돌아왔다. 당신은 찬밥에 고추장을 팍팍 넣은 밥통을 끌어안고 무서운 기세로 비벼 먹고는 "말리지마, 나 혼자 살꺼야!"라고 아무도 믿어주지 않는 다짐을 해댄다. '난 오늘 또 무슨 뻘짓을 한 것인가!' 하고 짜증 속에 잠들어 본 경험이 있는 여자라면, 서른 넘어 들어오는 소개팅이 그저 반갑지만은 않다.

올드미스에 특별한 애정을 가진 그녀의 주변인들은 아는 인맥을 다 동원한다. 한 명의 총각이라도 레이더에 걸리면 놓칠세라 발등에 불이 떨어진 양, 다리에 다리를 건너 소개팅을 물어온다. 그러면 다년간의 실패로 자신감을 잃은 그녀들은 일단 반은 마음을 접고 소개팅

장소에 나간다. 여차저차해서 만남이 끝난 후, 그녀와 그녀의 상대에게 주선자들의 조심스러운 전화 한 통이 간다. 그리고 각각의 주선자들은 다시 접선하여 소개팅의 결과를 서로에게 통보해준다. 소개팅의 이런 뻔한 수순은 결혼을 하기까지 무한 반복되어 그녀들을 지치게 한다.

### 속 깊기만 한 이성 친구

때로 소개팅이 아주 잘 성사되는 경우가 있다. 이때는 대부분 남자들이 속된 말로 그녀에게 꽂힌 경우다. 그런 경우 일단 잘 들어가셨느냐는 안부 문자메시지부터 날아온다. 일주일 이내에 애프터는 당연하며 계속되는 애정공세로 만남에 가속도가 붙는다. 여자도 마음이 열린다면 이미 혼기가 찬 그들은 더 기다릴 것이 없다며, 짧게는 몇 달에서 1년 정도의 시간이 흐른 후 딴딴따따 웨딩마치를 울린다.

그러나 계속되는 소개팅에도 잘 안 되는 자매들이 있다. 그런데 그녀들을 만난 남자들에게 들어오는 피드백을 모아보면 무언가 공통분모가 있다. 일단 가장 먼저 나오는 말은 "참 좋은 자매인 것 같다"는 긍정적인 평가다. 그래서 오래간만에 편안하게 속이야기를 했다고 말한다. 대화가 잘된 여자들은 '어! 이번 소개팅은 잘될 건가 보다' 하고 기대하게 되지만 남자들의 마음은 다르다. 너무 편안했던 나머지 그들은 상담소 선생님을 만나고 온 것 같은, 정서적 카타르시스만을 느낀 것이다. 그건 설레는 감정이 아니다. 오랫동안 교회 안에서 또는 선교단체 안에서 헌신했던 그녀들의 병, 즉 이야기를 들어주고 공감해주는 특기가 소개팅 장소에서도 발휘된 것이다. 소개팅이 일대일 상담으로 방향이 급전환된 케이스다.

이런 경우 남자들은 말 못했던 고민까지 털어놓으며 속 시원한 속풀이 소개팅을 하지만 애프터는 글쎄다. 물론 그녀가 이야기도 잘 통하며 외모도 딱 그의 타입이었다면 대박이겠지만, 소개팅 자리에서 상담소를 차리시는 올드미스들은 대부분 수수하시다. 가끔 폴라티셔츠에 바지를 입고 나가기도 하고 바쁜 일정 속이라면 화장도 대충한다. 겨울이라면, 나이 들어 걸린 감기는 잘 낫지도 않기 때문에 내복도 꼼꼼히 착용하셔서 온몸의 보온을 최적화하신다. 몸이 추운 게 마음이 추운 것보다 낫건만 그녀들은 몸의 보온성을 포기하지 않는다. 겨울에 치마를 입으셨어도 무릎 위 기장은 상상할 수 없으며 스타킹은 무조건 까만색이다.

스타킹 이야기를 좀 하고 싶다. 교복 스타킹도 아니건만 날마다 까만 스타킹들의 퍼레이드다. 좀처럼 다른 예쁜 스타킹들은 손을 안 대신다. 인터넷을 찾아보면 와인색, 갈색, 남색, 반짝이, 그물에 이르기까지 얼마나 다양하고 예쁜 스타킹들이 싼 값에 무료배송이기까지도 한데 말이다. 제발 스타킹의 새로운 세계에도 관심을 가져주시길 바란다. 소개팅의 첫 만남에서 와인색 스타킹을 신어주신 여성이 까만 스타킹에 상담소 소장님 같은 여성보다는 좀 더 매력적인 법이다. 말은 잘 통했지만 외모는 나의 타입이 아닌 그녀, 친구는 하고 싶지만

사랑하기
좋은 날

애인으로서는 노땡큐이다.


### 다시 만나고 싶은 그녀

두 번째로 남자들이 아쉬워하는 부분은 그녀들의 말투이다. 당신을 비롯한 당신 주변의 올드미스들의 말투를 잘 관찰해보면 기본적으로 어떤 신념이나 확신이 가득 차 있다는 걸 발견하게 될 것이다. 자신의 말투를 객관화해보는 건 유익한 일이다. 휴대전화를 사용해서 녹음해 들어보면 아마 본인 스스로도 자기 말투가 딱딱하고 직선이며 조금은 무서울 때도 있다는 걸 알게 될 것이다.

나도 한 말투했던 사람으로서, 남자들을 구만리 밖으로 쫓아내는 재주를 부리곤 했다. 한번 내 말을 녹음해서 들어본 적이 있는데 그때 충격은 이루 말할 수 없다. 너무 수치스러워서 기억하고 싶지도 않다. 어딘가 쓸쓸함이 묻어나면서도 자조적인 톤을 가졌으며 생기란 전혀 없었다. 사실과 옳고 그름만을 전달하는 건조하기 짝이 없는 말투, 남자를 쫓는 말투, 우리의 마음은 안 그렇지만 남자들은 이런 여자들의 직선적이고 자기 확신이 강한 말투를 대부분 힘들어한다. 우리 나이에 콧소리를 내며 나긋나긋한 말투로 썰을 풀어도 시원치 않을 판에, 사감 선생님 같은 말투로 상담이라. 완전히 호감 제로다.

그리고 호칭, '형제님'. 아니 무슨 신학대학원 면접 보시는가. 처음 만나 오빠라거나 누구 씨라고 부르는 게 영 어색한 건 사실이다. 하지만 말끝마다 형제님, 형제님이라고 붙인다면? 남자들은 대부분 '오빠'라는 말을 좋아한다. 내가 아는 어떤 남자는 여자 후배들에게 오빠라는 말을 들으면 그게 누구이든지 그냥 그렇게 지갑이 열리더란다. 도레미파솔의 '솔' 높이로 "옵화!"라고 애교스럽게 불러야 한다고 하면, 온몸에 닭살이 솟구치리라는 거 안다. 하지만 낮은 '도' 높이로 계속해서 "형제님!"을 부르신다면 그 형제님 정말 재미없어지신다. 거기다가 그런 톤으로 형제님을 애타게 부르며 주로 하는 이야기의 내용은 당신 교회의 상황, 비전, 가정환경, 상처, 뭐 이런 종류의 무거운 주제들이다. 게다가 남자들의 말에는 적절한 리액션도 없다. 이런 여자, 당신이라면 다음에 또 만나 차 한 잔 하고 싶을까?

반면 변변치 않은 소개팅을 하고 돌아온 여자들의 변은 이렇다. 소개팅이 별로였던 이유가 가지각색이다. 남자의 입술이 얇은 게 거슬린다, 키가 작다, 정서가 좀 불안해 보이더라, 비전에 대한 생각이 없더라, 나랑 비전이 안 맞는 것 같다 등등이다. 특히 선교단체 출신의 올드미스들에게 나오는 말은 공통 화제가 없다, 말이 안 통한다 등이다. 당연하다. 청춘을 선교단체와 골방에서 구른 그녀들과 말이 통한다면 오히려 그게 더 기인이 아닐까?

대체로 선교단체 출신들이나 교회 안에서 깊이 있는 헌신을 했던 올드미스들은 그들만이 사용하는 언어패턴과 정서가 있다. 그런데 그건 평범하지도 일반적이지 않은 것으로, 오히려 상대방에게 당신의 말과 정서는 부자연스럽고 불편할 수 있다. 이런 자매들은 자신의 고정관념이 가득한 언어패턴과 대화패턴을 버리고 열린 마음으로 일반 지구인 남자들과 대화하는 기술을 새롭게 터득해야 한다.

축구나 군대, 게임, 기계와 관련한 이야기를 슬쩍 물어볼 수 있는 여유를 보여준다면 그는 드디어 내 짝을 만났다면서 박수 치며 좋아할지도 모를 일이다. 소개팅에서 남자들에게는 적절한 질문이 필요하다. 현재보다는 그의 과거와 미래에 대한 가벼운 질문과 그의 대답에 대한 리액션이 중요하다. 묵도도 아니고, 마음속으로 하는 진실된 리액션은 필요 없다. 입 밖으로 "어머, 정말이요? 아, 그렇구나. 대단하세요." 뭐 이런 리액션을 좀 해주시란 말이다. 지금까지 당신의 소개팅 대화의 기술은 어느 정도의 수준이셨는지.

그리고 보통 이 시기의 여성들이 만나는 남성들은 삼십 대 중반 정도로 외로움의 한가운데에 있다. 그리고 그들은 나이의 무게만큼 믿음직스럽거나 매력적으로 보이기보다는, 어딘가 불안해 보이고 고집스러워 보일 수 있는 구석이 많다. 그들은 실제로 외롭고 스트레스를 많이 받으며 살고 있다. 그러나 그런 모습들은 좋은 여자를 만나 정서가 안정되면 금방 제자리를 찾게 될 부차적인 문제들이다. 그러니 소개팅의 첫 번째 만남에서 너무 낮은 점수를 날리지는 않았으면 좋겠다. 첫 만남에서는 진짜 별로였는데 꾹 참고 세 번쯤 만나보니 엄청나게 진국이었더라는 남자들이 많기 때문이다.

### 당신이 주인공임을 잊지 마라

내 주변에는 재미있는 친구들이 좀 있다. 한번은 그들 중 4명이 단체미팅을 하게 됐다. 요즘 시대에 단체미팅이란 너무 구닥다리지만, 어찌어찌하여 서른이 넘은 그녀들은 4:4 단체미팅을 하게 되었다. 그리고 그녀들은 미팅을 통해 서로를 관찰해서 우리가 왜 안 되는지에 대한 피드백을 하기로 했다. 각각 그녀들의 스타일을 관찰하고 체크하는 아주 분주한 미팅 시간을 보냈다.

미팅 후 잠을 포기하고 한 집에 모인 그녀들은 서로를 살리기 위해 거침없는 피드백을 시작했다. 편의상 그녀들을 처자 1, 2, 3, 4로 하겠다.

1번 처자는 남자들에게 매너 있게 대답을 잘하지만 도대체 무슨 생각을 하는지 표정을 읽을 수가 없더라는 것이다. 좋다는 건지 싫다는 건지 뭔가 표정에 반응이 있어야 하는데, 그것이 잘 표현되지 않는 고로 50점 이하. 다음 2번 처자. 처음에는 남자들의 이야기를 열심히 잘 들어주더란다. 남자도 반응이 괜찮았는데 뒷심이 약했다. 조금 무료해지자 티가 팍팍 나고 기대했던 남자에게 실망을 안겨주었다. 재미없어하는 마음이 들켰으므로 50점 이하. 3번 너무 털털하고 무뚝뚝했단다. 당연히 50점 이하. 4번은 리액션이 장난 아니고 오버액션에 박수까지 쳐가며 남자의 말에 호응 백배이시더란다. 친구들도 놀란, 오그라드는 애교 포스 나와주신 것으로 90점.

이렇게 그녀들의 미팅 평가는 마무리되었다. 그리고 우연의 일치인지는 모르겠으나 90점을 받은 4번 처자는 1, 2, 3번의 처자를 남겨두고 그 후로 1년이 안 되어 홀로 시집이란 걸 가셨다.

소개팅은 로맨스를 하러 나가는 자리이다. 소개팅의 첫 번째 만남은 로맨틱해야 한다. 전투적으로 누군가의 비전을 확인하거나 고민을 들어주러 나가는 자리가 아니다. 그런 건 애인이 생기면 하기 싫어도 해야 한다. 함께 걷는 긴 여정에서 질리도록 하게 될 것이다.

　첫 번째 만남인 소개팅의 문은 로맨틱하게 열어도 좋다. 너무 털털하고 정직하고 신실한 그녀들, 제발 상담소개팅은 접고 약간은 여우처럼 로맨스 영화같이 소개팅을 하고 돌아오면 좋겠다. 애프터가 항상 들어오던 그녀들이 부러웠는가. 그렇다면 당신의 옷차림, 당신의 대화 주제, 당신의 리액션, 당신의 말투를 한번 돌아보고 가능하다면 바꾸어보기를 바란다. 반드시 애프터가 들어올 것이다.

# 너무
## 신중한 당신,
## 이제 만나라

가능성과 열린 마음으로 만나보는 것이 중요하다.

백문이 불여일견이라 했건만 우리의 싱글들은 여러 가지 두려움이나 과한 신중함으로 인해 만남의 기회를 쉽사리 잡지 못할 때가 많다. 요즘 청소년들이나 대학생들을 보면 만남이 뭐가 그리 쉬운지 100일을 넘기는 것도 굉장히 오래 사귀는 거라고 한다. 그것도 이 나라의 미래를 생각할 때 큰 문제이지만, 너무 신중해서 만남의 시도조차 하지 않는 싱글 헌신녀들도 안타깝기는 매한가지다.

한 여인이 있다. 소개팅 제안이 들어온다. 일단 지난 두 달 사이 살짝 불어나주신 2킬로그램 때문에 약간 망설이게 되고 빠른 시간 안에 몸을 돌릴 수 있을까 걱정부터 앞선다. 결국 1-2주 정도 기도해보겠다고 대답한 후, 만나거나 마음이 안 열리면 거절한다. 이 나이에 사람을 만나 또 헤어진다면 얼마나 낭패인가! 실패를 최소화하고 싶기에 그녀들은 나이가 많아질수록 사람 만나는 걸 더욱 조심하게 된다. 그리고 신중함은 행동에 많은 제약을 가져올 수밖에 없게 된다.

또 한 여인이 있다. 그녀는 사역자로 엄청나게 일정이 바빠 집에도 못 들어가는 생활을 하고 있다. 일명 '수련회 인생'으로서 집에 들어와서는 각종 캠프에서 입은 옷을 빨고 말려서 다시 나가기에 바쁘다. 일상이란 없고 친구들과 만나서 마음 편히 밥을 먹은 지가 언제였는지 기억조차 가물거린다. 그녀는 피곤에 절어 있고 머릿속은 다음 사역의 시뮬레이션으로 가득하다. 학생들 만나랴, 상담하랴, 설교 준비, 강의 준비, 각종 모임 준비에 수련회 준비까지 눈코 뜰 새가 없다.

그 와중에 평소에 괜찮다고 생각하던 형제에게 전화가 온다. 언제 밥 한번 먹자는…. 여인의 입가에는 환한 미소가 퍼진다. 다이어리를 펴고 날짜를 따져보지만 가까운 시일에 시간을 뺄 수 있는 날이 없다. 겨우 칸이 비어 있는 날은 두 달 후 목요일 저녁. 여인은 남자에게 "두 달 후 목요일 저녁이요"라고 대답한다. 2주 후도 아니고 두 달 후라니 만나기 싫다는 이야기를 농담처럼 한 것인 줄 아는 남자는 "많이 바쁘구나. 그럼 그때 다시 연락하자"는 말을 남기고 전화를 끊는다.

이 두 번째 여인은 바로 나였다. 그때 정말 나는 두 달 후 목요일 저녁밖에는 빈 칸이 없었다. 그러나 곧이곧대로 두 달 후 목요일 저녁이라고 대답할 건 무엇인가. 지금이라면 절대 하지 않았을 행동이고 내 후배가 그 상황이라면 모든 것을 뒤로하고 내일 저녁 당장 그 형제를

그 사람과 차 한잔할 기회를 만드는 것

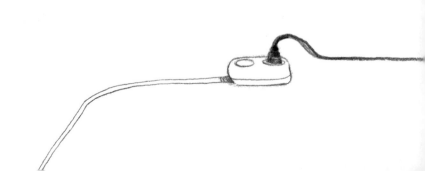

만나도록 떠밀었을 것이다. 그러나 그때는 누구도 나에게 일만큼이나 만남의 기회도 중요한 것이라고 말해주지 않았다.

## 가능성에 기반을 둔 오픈 마인드

우리의 헌신녀들은 이런저런 이유들로 만남의 기회를 잘 잡지 못한다. 소개팅도 너무 신중하게 하고, 자기에게 다가오는 남자의 대시를 센스 있게 낚아채지 못할 때도 많다. 그녀들은 신중하고 생각이 많고 때로 둔감하기도 하며 유연성이 부족한 경향이 있다.

그러나 만남의 기회에 대해서 좀 더 열린 마음으로 편안하게 생각할 필요가 있다. 만난다고 다 결혼하는 것도 아니고 결혼해야 하는 것도 아니다. 데이트를 위한 데이트는 좀 편안하게 해도 된다. 내가 가끔 후배들에게 소개팅 제안을 하면 가장 먼저 나오는 말은 대부분 "기도해볼게요" 라는 대답이다. 기도 좋다. 당연히 기도해야 한다. 그러나 2주씩 기도하며 시간을 보내는 게 과연 현명한 걸까. 당신은 시집을 가는 게 아니라 단지 소개팅을 하는 것이다. 시집을 갈 땐 도대체 기도를 얼마나 하시려고 그러는지. 배우자 기도는 평소에 많이 하지 않는가. 그렇다면 기도하면서 만나봐도 되지 않을까.

우리는 죄인이다. 기도하는 중 당신은 마음의 기준을 재점검하게 될 것이다. 다 그런 건 아니지만 어떤 이들은 때로 기도 속에 높아진 기준 때문에 오히려 상대를 만나 열린 마음으로 상대를 바라보지 못한다. '어디 내가 기도한 것에 부합하는지 보자' 하며 눈을 크게 뜨고 관찰모드로 들어가서는 한 치의 오차라도 있으면 "역시 아니군" 하면서 마음의 문을 닫아버리곤 한다. 기도는 좋은 것이지만 때로 기도하는 시간을 통해 자기의 기준을 높이기도 하는 연약한 죄인들이다. 소개팅이 들어오거나 평소에 호감이 있던 남자에게 연락이 온다면 일단은 유연한 마음으로 가능성을 열고 만나는 거다.

또한 공동체 안에서는 연인으로 데이트를 시작하는 단계는 아니지만, 서로 호감 있는 남녀라면 일단은 만나봐야 무슨 답이 나오지 않겠는가. 약간의 혼란을 막고자 여기서 말하는 데이트의 의미를 정의하자면 사귀기 전 서로를 탐색하는 데이트로서 밥 먹고 차 마시고 영화 보는 정도의 만남이다. 절대 손을 잡지도 어떤 스킨십도 하지 않는다. 한밤중의 긴 통화로 정신줄을 놓지 않는다. 아직 연인이 아니라는 건 분명하다.

그리고 동시다발적으로 여러 명과 이런 관계를 갖지는 않는다는 것이 중요하다. 만남은 필요하지만 공동체 안에서 조심스러운 게 사실이기에 무분별하게 만남을 갖지 않아야 한다. 획일적인 룰을 제시할 수는 없지만, 한 번에 한 명 신중하게, 다섯 번 이내의 만남으로 탐색은 충분히 끝날 수 있다.

언제든지 만남을 접을 수 있는 단계이기 때문에 서로의 마음을 보호하는 것이 중요하므로 아직 마음을 줄 때는 아니다. 하지만 외로운 여인네들의 감정의 보자기는 너무나 잘 풀린다. 그래서 어려운 것이다. 보자기 매듭을 풀지 말고 감정을 아끼고 상대를 면밀히 관찰하고 기도하며 지혜롭게 관계의 거리를 유지해야 한다.

몇 번의 만남이 있은 후 정리가 필요하다. 성격에 따라 여러 가지 경우로 관계가 마무리되는데, 형제가 대시할 수도 있고 자매가 대시할 수도 있으며 서로 자연스럽게 마음을 확인할 수도 있다. 서로가 아니었다면 자연스럽게 마음이 멀어지는 경우가 가장 많을 것이다. 성격에 따라 분명한 이야기를 하고 더 이상의 만남을 갖지 않을 수도 있다. 이 시점에서 당신은 애인이 생길 수도 있고 다시 약간의 허전한 마음을 가지고 약속 없는 주말을 맞이할 수도 있다. 하지만 애인이 생기지 않았다고 해도 그 시간은 당신에게 가치 있는 시간이 될 것이다. 상대를 통해 당신 자신을 알아가게 될 것이고 그렇게 당신을 알아가며 좀 더 잘 맞는 배우자를 찾아갈 수 있을 것이다. 닥치는 대로 만나라는 뜻은 아니지만 만남 자체를 너무 신중하게 생각해서 기피하지 않았으면 한다. 100점이 아니면 시험을 보지 않겠다는 자세로 남자와의 만남에 성공만을 기대하며 만남의 기회조차 포기하는 일은 하지 않으면 좋겠다는 뜻이다.

### 당신, 너무 바빠 보여

또 여자 사역자들 중에는 사역의 부담으로 정서적 여유가 없어서 남자와의 만날 여력이 없거나 사역에 집중하느라 남자를 만날 생각조차 적극적으로 하지 않는 경우도 많다. 한창 사역에 몰입해 있는 시기에는 잘 느끼지 못하지만 사역의 말미에 가서 적지 않은 외로움과 상실감을 느끼게 된다. 일에 파묻혀서 친구들과도 소원해졌고 자기가 여자라는 것도 잊으며 살아갈 때가 많았다. 유행에 맞춰 옷을 사 입거나 헤어스타일을 바꿀 만한 경제적 여력도 없었다. 그러다 보니 외모적으로 남자들에게 끌리지 않는 대상이 되었다. 어쩌다 남자를 만나게 되어도 대부분의 시간 동안 가르치는 일을 했기 때문에 가르치는 어투나 선생님 같은 태도가 자기도 모르게 배어 있어 대화를 부드럽게 이끌어가지 못한다. 결국 상대는 불편해한다.

사역이 끝나면 그녀들은 이제 일상을 어떻게 살아야 할지 어떻게 자연스럽게 남자와 관계를 맺어야 하는지, 처음부터 다시 시작해야 하는 경우도 있다. 어쩌면 하나님은 그렇게 살라고 하지 않으셨을 수 있다. 우리가 옳다고 생각했기 때문에 그렇게 살았던 것 아닐까. 하나님은 우리를 인생으로 부르셨고 인간의 삶으로 또 여성의 삶으로 부르셨다. 사역자라는 틀 때문에 너무 만남을 꺼리지 말자. 기회가 있을 때마다 열린 마음으로 남자와의 차 한 잔을 즐기는 시간을 가지면 좋을 것 같다.


기회를 만드는 능력

자고로 호랑이를 잡으려면 호랑이 굴에 들어가고 하늘을 봐야 별을 딴다고 했다. 감나무 밑에 입을 벌리고 누워 잘 익은 단감이 입안으로 쏙 들어오기를 기다리는 자는 미련하고 게으르게 묘사되었다. 그러나 당신, 호랑이 굴 앞에서 일단 40일 기도부터 하고 있지는 않은가. 하늘을 보라고 하면 일단 한두 달 정도 하늘에 관한 조사부터 하고 있지는 않은가. 잘 익은 단감이 떨어지기만을 하염없이 기다리고 있지는 않은가.

남자들은 우리를 잡아먹지 않는다. 우리에겐 만남에 대한 두려움이 너무 많다. 당신이 능동적으로 선택한 만남이라면 어떤 만남도 나이가 들었다는 이유로 당신을 초라한 바보로 만들지 못한다. 애인을 만들고 싶다면 최대한 남자가 많은 곳에 가라. 괜찮은 남자가 보이면 책을 빌려주던지 그의 발을 밟던지 옷에 커피를 쏟던지 만날 거리를 만들자. 만남의 기회가 찾아오면 40초만 기도하고 기회를 잡았으면 좋겠다. 오늘도, 지난 몇 개월간 단 한 번의 가벼운 만남조차 갖지 못한 채 기도의 언덕을 넘으며 또 한 살을 먹는 그녀들에게 이렇게 말하고 싶다. "너무 신중한 당신, 이제 정말 만나라!"

만남의 기회가 찾아오면 40일 기도가 아니라
40초 기도로도 충분하다.

# 그녀들의
# 기다림

자매들이 기도 외에 다른 노력을 하는 건
세속적이지 않다.

 

학창시절 《고도를 기다리며》를 읽고 독후감을 쓰는 과제를 받은 적이 있었다. 재미와는 거리가 상당히 멀었던 작품이다. 이게 도대체 뭔 말이냐는 푸념을 늘어놓으며 울며 겨자 먹기로 과제를 했던 기억이 난다. 그리고 문득, 교회 안 올드미스들의 기다림이 마치 '고도'를 기다리는 것 같다는 생각이 들었다. 오는지 오지 않는지 알 수 없는 고도, 실체가 무엇인지 정확하지도 않고 또 실제로 존재하는지도 알 수 없는 고도 말이다.

내가 아는 한 언니는 마흔 줄을 훌쩍 넘기고 있었다. 그러던 그 언니에게 한 남자의 구애가 시작되었다. 언니만 오케이를 하면 결혼은 일사천리였다. 하지만 결과는 거절이었다. "내가 기다린 사람이 아니다"라며 그의 구애를 거절했다. 물론 나이가 많기 때문에 아무하고나 결혼해도 된다는 뜻은 아니지만, 언니는 도대체 어떤 사람을 기다리고 있는지 깊이 생각하게 되었다. 그리고 혹시 그 기다림이 그녀의 인생을 고독하게 만들고 있는 건 아닌지 걱정되었다. 언니는 하염없이 벤치에 앉아 고도를 기다리는 연극 속 인물 같았다.

### 끝없이 기다리는 그녀들에게

지금 이 순간에도 교회 안의 올드미스들은 기다리며 살아간다. 기다림에는 의미 없는 수동적인 기다림과 의미 있는 적극적인 기다림이 있다. 이 둘은 전혀 다른 결과를 가져온다고 나는 믿고 있다. 수동적인 기다림을 하는 그녀들은 기도만이 가장 적극적인 행동이고 믿음이라고 생각하며 새벽기도와 배우자 기도를 최고의 무기로 삼고 있다. 그녀들의 모토는 '주님의 때에 주님의 인도하심으로'이다.

물론 배우자를 만나는 것에 있어서 이런 고백은 우리에게 부인할 수 없는 중요한 사실이다. 하지만 수동적인 기다림의 그녀들은 자신의 편에서 기울이는 노력은 좀 부족하다. 시도도 부족하다. 변화도 부족하다. 결정적인 순간에 사람을 선택하는 용기도 부족하다. 그녀들은 누군가 오랜 기도 끝에 이렇게 저렇게 배우자를 만났다더라는 간증을 마음에 새기며 자신에게도 그런 날이 오기를 기다린다. 하지만 간증은 오직 내게만 일어나는 증거가 될 만한 일이다. 그 횟수가 빈번하지 않기에 우리의 귀에까지 들려오게 되는 희귀소식이란 것이다.

나는 이제 그녀들에게 적극적인 기다림을 권유하고 싶다. 올드미스들이 때가 되면 스스로 많은 변화를 추구할 것을 하나님이 기대하고 원하신다고 생각한다. 우리는 하나님께 배우자를 주시기를 원하고, 주님은 우리에게 변화와 용기를 원하신다. 그저 기다림만이 믿음은 아니다. 어차피 기다리고 싶지 않아도 기다릴 수밖에 없는 게 현실이다. 그렇다면 주어진 기다림이라는 시간을 잘 보내는 게 '부르심'이란 것이다.

지금까지 한 말은 적극적인 기다림에 관한 이야기들이다. 이 이야기는 누군가 남자를 만나기까지 경험했던 자기 변화와 부인의 사건들이고 포기의 과정들이다. 어떤 면에서는 이렇게까지 해야 하나, 세속적이지 않나 하는 생각이 들 수 있을지 모르겠다. 하지만 나는 그저 한없는 기다림만이 믿음이 아니며, 자신의 내면의 한계를 뛰어넘어 도전하고 용기 있게 사랑을 찾고, 시작하는 것도 믿음이라고 생각한다. 순수절정의 기다림만큼이나 인내와 고통이 따르는 숭고한 길이다.


### 더 아름다운 사랑을 준비하기 위해

사랑을 얻기 위한 변화를 위해서는 우리에게 많은 용기와 믿음이 필요할 것이다. 내면의 변화가 없이 시작할 수 있는 건 아무것도 없다. 당신의 스타킹 색깔을 바꾸든지, 남자에게 먼저 문자메시지를 날려본다든지, 배우자 기도제목을 포기하는 건 쉬운 일이 아니다. 더 이

사랑하기
좋은 날

상 남자의 키를 보지 않겠다는 결정, 말투를 바꾸고자 하는 노력, 이런 변화의 시도들은 진정한 내면의 변화와 번뇌의 기도 없이는 어려운 것들이다. 배우자를 만나기 위한 이러한 시도들은 때론 우스꽝스럽게 느껴지기도 할 것이다. 하지만 주님 앞에 자신의 생각을 바꾸고 자존심을 버리고 사랑을 선택하는 것을 통해 생각지도 않았던 영역의 성장을 경험할 수 있을 것이다.

내가 생각하는 기다림의 핵심은 이것이다. 아파하고 자신을 변화시키면서 내면의 성숙을 이루어감과 동시에, 한 사람을 사랑할 수 있는 인격으로 바뀌어가는 과정의 기다림이다. 한 명의 올드미스가 스타킹의 색깔을 바꾸었다는 것이 중요한 게 아니다. 그보다 그녀가 자신을 여성으로서 좀 더 인정하게 되었다는 게 더욱 가치 있는 사실이다. 그녀가 남자에게 먼저 문자메시지를 보내는 시도를 했다면, 남자에게 문자메시지를 보냈다는 것 자체보다 그녀가 거절당할 수 있는 상황에서도 사랑의 시도를 하기 위해 용기를 냈다는 것이 중요하다. 이런 시간을 통해 자신을 돌아보는 훈련을 하고, 인격의 단점을 알게 되며 나약한 자신을 하나님에게 의탁하는 연습을 한다. 이런 시간을 통해 내면의 부대낌을 경험하고 겸손해진 자매들은 그렇지 않은 자매들보다 더욱 아름다운 사랑을 할 수 있는 사람들로 준비될 것이다.

현실에서는 어떤 변화도 적극적으로 시도하지 않고 오직 기도와 믿음으로 일관하는 자매들을 어리석다고 단정지을 수는 없다. 그렇다면 소개팅을 하든 남자가 많은 곳에 가든 자신을 가꾸든 노력을 아끼지 않는 자매들 역시 믿음 없고 경박하다며 나무랄 수 없다. 나는 자매들이 기도 외에 다른 노력을 하는 걸 절대로 세속적이라고 생각하지 않는다.

### 동화 속에서 이제 그만 빠져나와

이 나이까지 기다린 게 아까워서라도 웬만한 남자는 눈에 차지 않는 올드미스들이 있을 것이다. 남들이 '저 정도면 괜찮네' 하는 남자의 스펙에도, 그 정도 선에서 타협하고 결혼할 거였으면 진즉에 학부모 됐다고 말하는 그녀들, 내가 원하는 사람이 나타날 때까지 기다리고야 말겠다는 다짐과 함께 그 누구도 약속해준 바 없고 책임져주지 않을 미래에 믿음을 거는 용기를 가진 거침없는 그녀들에게 이 무모한 믿음은 되려 장애가 되고 있다. 차라리 그런 큰 믿음보다는 결혼을 위해서 무언가 자신에게 변화가 필요하다는 걸 인지하고 변화와 성장을 시도하는 겸손함이 필요하다. 그렇게 된다면 하나님은 그녀들에게 하루라도 빨리 결혼 선물을 안겨줄 것이다.

나에게 딸이 있다면, 신데렐라 이야기나 콩쥐팥쥐 이야기 등 왕자님이 등장하는 동화책을 읽히기 전에 현실에는 이런 왕자님은 없다고 단단히 일러줄 것 같다. "그러니 딸아, 왕자님을 현실에서 기대하고 기다려서는 안 된다"고 말해줄 것이다.

결혼의 인도하심을 받은 여인 중 리브가와 룻의 이야기를 많이 하게 되는데, 그녀들은 적극적인 여성들이었다. 리브가가 약대에게 먹인 물은 100리터에 가까웠다. 며칠 동안 물을 마시지 않은 약대는 한 번에 100리터의 물을 마실 수 있고, 그때 리브가가 가진 항아리는 커 봤자 12리터 정도의 크기밖에는 안 되었을 것으로 추정된다. 그렇다면 리브가는 도대체 몇 번을 왔다갔다 하면서 항아리에 물을 길어 날랐단 말인가? 12리터면 상당히 무거운 무게인데 말이다. 이 정도면 리브가는 정말 힘 좋고 적극적인 여성이었다.

룻은 어떠한가. 그녀는 남편이 죽자 고국을 버리고 시어머니를 따라나서는 적극성과 결단력을 가진 여성이었다. 아무리 시어머니의 말이라지만 이방 여인으로서 낯선 문화 속에서 어머니의 말에 순종해 한밤중에 보아스의 발밑에 들어가는 건 대단한 용기라고 생각한다. "저는 못해요, 어머니. 그냥 떨어진 이삭이나 줍겠어요. 그것만으로 부족한가요?"라고 말한다고 해서 누가 룻을 비난할 수 있을까.

### 좀 더 적극적인 기다림

여성의 적극성은 아름다운 것이고 때로 놀라운 결과를 가져온다. 선악과를 홀랑 따먹어버린 하와의 적극성은 모든 인류의 운명을 바꾸어놓았다. 어쩌면 당신의 외로움과 오랜 싱글의 이유가 어떤 부분의 적극성이 결여된 거라면 이제 적극적인 기다림의 길을 선택하게 되었으면 좋겠다. 나는 성경에서 여자를 묘사한 구절 중에 다음 구절을 정말 좋아한다.

아침 빛같이 뚜렷하고 달같이 아름답고 해같이 맑고 깃발을 세운 군대 같이 당당한 여자가 누구인가(아 6:10).

이 내용을 쉬운 성경으로 옮겨보면 이렇다.

새벽빛같이 솟아오르고, 달처럼 아름답고, 해같이 빛나며, 기를 높이 든 군대같이 당당한 이 사람은 누구인가?

동이 트는 아침 풍경처럼, 고요하고 아름답기도 하지만 태양의 에너지를 가지고 군대와 같이 힘이 있는 여자, 얼마나 멋있고 아름다운가. 당신이 벤치에 앉아 고도를 기다리는 여자가 되기보다 기를 높이 들고 사랑을 찾아나서는 여자, 적극적인 기다림을 하는 군대같이 힘 있는 여자가 되었으면 좋겠다.

내면의 한계를 뛰어넘어 도전하고 시작하는 것도
믿음의 일종이다.

좀 더
용기있는 선택을 한
그녀들에게

# 4

그리고

당신을

응원합니다

# 결혼을
# 선택하지 않은
# 그녀들에게

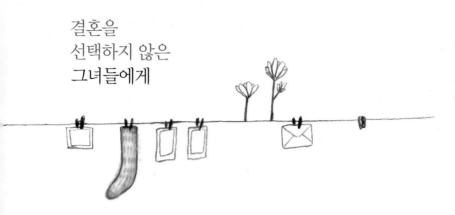

독신은 앞으로 40년의 특별한 삶을 준비하는 것이다.

내가 서른이 넘어서까지 시집을 가지 않고 있을 때 가장 많이 들었던 말은 "결혼은?"이었고 결혼을 하자 "아기는?"이었으며 아기를 낳자 "둘째는?"이었다. 심지어 아기가 아직 나오지 않았는데도 사람들은 "하나는 외로워. 둘째도 어서 낳아야지"라며 권유했다. 나이가 차면 결혼을 하고 아이를 낳고 또 아이는 둘 이상은 낳아야 한다는, 사람들이 추구하는 보편적인 삶. 그런 '평범함'들은 오랜 시간 인생을 살아온 사람들의 지혜에서 나온 것이리라. 하지만 한편으로는 틀린 것이 아닌 다른 것을 좀처럼 받아들이고 용납하고 포용하지 못하는 사고방식이 갑갑하게 느껴지기도 한다.

이런 사회의 분위기 속에서 적극적으로 독신을 선택한 그녀들이 앞으로 받게 될 스트레스는 생각만 해도 가슴이 아파온다. 아마도 그녀들은 평정심을 가진 도인이 되어야 살아갈 수 있을 것이다. 교회 안에서의 그녀들의 삶은 더욱 쉽지 않을 것이다. 주일마다 만나는 권사님, 집사님들에게 "결혼해야지?"라는 말을 백만 스물두 번은 듣게 될 것이다. 인간관계에 얽혀 어쩔 수 없이 선자리에 끌려 나가 멀뚱하게 앉아 토요일 오후를 보내야 할 것이고, 여전도회도 청년부에도 낄 수 없는 어정쩡한 인물로 꿋꿋하게 자치부서를 운영해야 할 것이다. 나이가 들어 사십 대 중반쯤이 되면 유부남 집사님들과 농담 따먹기도 조심해야 하는, 당신이 아무 짓을 하지 않았어도 묘한 경계선상에 있는 인물이 될 수도 있다.

### 독신, 특별하고도 외로운 삶

교회는 고아와 과부, 있는 자나 없는 자 모두를 포용하고, 있는 그대로를 용납하고 받아들이기 위해 힘쓰고 노력한다. 하지만 노처녀와 노총각만큼은 편안하게 인정하며 받아들여주지 못하고, 언제나 가정을 이루는 변화를 모색할 것을 요구한다. 노총각과 노처녀들은 결혼을 하지 않는 대신에 사회적으로 많은 것들을 경험하며 성장해간다. 하지만 사람들은 그런 것들은 깡그리 무시해버리고 결혼을 하고 아이를 낳아봐야 어른이 된다는 신념하에 미혼자들을 모자란 사람들처럼 대한다. 오히려 그들은 충분히 만족하며 사는데도 말이다. 더 나아가 사회적으로 성공한 그녀가 계속 독신의 상태에 있으면 그녀의 노고를 치하하기보다 "얼마나 독하면 그 나이에 거기까지 갔겠어. 그러니 결혼을 못했지. 드세면 힘들어"라는 섭섭한 말씀을 내뱉기도 한다. 독신은 정말 좁은 길이다.

그렇기 때문에 독신을 선택했다면 매우 철저한 계산과 시뮬레이션이 필요하다. 멋진 결혼만큼이나 멋진 독신, 성공적인 독신의 삶을 위해서는 많은 준비와 점검이 필요하기 때문이다. 당신이 독신을 선택했다면 정말 많은 질문을 스스로에게 끊임없이 하고 고민하며 준비해야 한다. 우리는 2박 3일 여행을 가도 짐을 챙기고 준비한다. 한 달동안 유럽여행이라도 하게 되면 몇 달 전부터 그 나라에 관한 정보를 인터넷에서 검색하고 자금을 마련하고 이것저것 물품을 사며 준비한다. 독신을 선택했다는 건 앞으로 40년 또는 그 이상이 될 수 있는 매우 특별한 삶을 준비하는 것이다.

## 혼자 살기 위한 철저한 준비들

그렇다면 독신으로 살아가는 삶에는 어떤 준비들이 필요할까? 결혼한 여자가 이런 이야기까지 쓰는 게 오지랖이 넓다고 할지도 모르겠지만 조금이나마 도움이 될까 하여 몇 자 적는다.

내 주변에는 독신으로 살아가는 자매들이 몇 있다. 그녀들의 삶을 엿보면서 독신으로 살려면 일상다반사의 소소한 것들을 잘 준비하는 게 중요하다는 걸 알게 되었다. 그녀들의 공통점은 매니아적인 특성이 있다는 것이다. 자신만의 세계, 자신만의 취향을 가지고 그 안에서 오랜 시간 혼자 잘 놀며 행복해한다. 독신으로 살기 위해서는 자신의 세계를 규모 있게 구축해나가는 관리가 필요하다.

구체적으로 이야기를 해보자면, 독신은 무엇보다 내면의 관리가 중요하기 때문에 예쁜 일기장을 준비해 매일 일기를 쓰는 의식을 갖거나 자기에게 잘 맞는 영성 관리법을 찾는 것이 중요하다. 일반적인 큐티나 성경통독과 같은 영성 관리 말고 침묵기도나 렉티오 디비나 *lectio divina*와 같은 영성 스타일을 배우고 발전시켜 나가는 것도 매우 유익할 것이다. 또 독신의 삶은 혼자 살아가지만 더욱 더불어 살아야 하기 때문에 교회공동체도 잘 찾아야 하고, 주변과 돈독한 우정관계를 소중히 지켜 나가야 한다. 혼자 살지만 많은 사람과 더불어 사랑할수록 당신의 삶은 더욱 풍성해질 것이기 때문이다.

그리고 혼자일 때 아픈 것만큼 서러운 게 없다. 구급약 비치는 당연하고, 아플 때 또는 위급한 일이 생겼을 때 만사를 제치고 와 당신을 도울 수 있는 비상연락망도 구축해놓기를 바란다. 또한 건강관리를 위해 인스턴트는 멀리하고 웰빙 식생활과 꾸준한 운동을 인생의 낙으로 삼아야 할 것이다. 나도 2년간 자취를 했는데 장을 보고, 밥을 해먹는 게 여간 번거로운 일이 아니었다. 하지만 예쁜 그릇을 구비하거나 식탁을 아늑하게 꾸며서 간단하게라도 건강한 식생활을 해나갈 수 있도록 방향을 잡는 것이 좋겠다.

돈 관리는 미래를 대비해 야무지게 계획을 세워야 할 것이고, 나이가 들어서 혼자 경제를 책임질 수 있는 기술을 미리 습득해놓는 것도 건설적인 일이다.

취미생활도 매우 중요하다고 보는데, 내가 아는 싱글은 초를 켜고 시집을 읽는 시간을 가지며 행복을 느낀다고 했다. 그래서 그녀는 어떻게 하면 좀 더 멋있게 시를 읽을 수 있을까를 고민하고, 좋은 시집을 발견하는 것을 낙으로 삼았다. 그녀는 정말 장군 같은 이미지였는데 그렇게 당차게 인생을 살아가는 에너지가 아마도 시를 읽는 시간에서 나오는 것이 아닌가 싶을 정도였다.

유익한 정보가 있는 인터넷 사이트들을 많이 알아놓는 것도 좋고, 애완동물이나 화초 키우기, 사진 찍기, 여행과 요리에 관심을 가져보는 것도 좋을 것이다. 다도에 관심을 가지거나 커피의 오묘한 세계에 빠져보는 것도 일상을 멋스럽게 만들어주리라 생각한다.

또 무엇보다 결혼한 이들보다 많은 자유와 시간을 선물로 받은 만큼 그것을 주님과의 깊은 관계와 사람들을 섬기고 사랑하는 데 쓰면 영원히 남는 재산이 될 것이다.

### 외롭지만 더욱 풍성하게

내 주변에는 훌륭한 독신의 삶을 사는 사람들이 있다. 그들의 공통점은 진정으로 독립적이며 하나님과 사람들을 잘 섬긴다는 것이다. 그녀들은 여성 고유의 인격성으로 사람들을 잘 돌본다. 자신의 재정도 잘 나누고 요리도 잘 하며 사람들을 잘 먹이고 고민을 들어주고 격려해준다.

그중에 한 분은 어린 시절 외로움이 많은 아이였던 나를 참 따뜻하게 대해주었다. 내가 어렸을 때 그분은 젊은 아줌마였다. 나를 집에 데리고 가서 과자도 먹여주고 잠도 재워주고 교회에도 데려가며 재미난 친구 역할을 해주셨다. 그리고 내가 결혼할 때는 파파 할머니의 모습으로 와서 쌈짓돈을 내어주시며 마음껏 축하해주셨다. 나는 따뜻한 사랑을 주는 그분이 너무나 좋았다. 결혼해서 자기 아이가 있는 분이었다면 그토록 따뜻하고 여유 있는 정서로 나에게 집중해주며 친구처럼 대해주지는 못했을 것이다. 지금은 돌아가셨지만, 어린 시절 외로웠던 나에게 마음의 친구가 되어주셨던 그분에 대한 기억은 아직도 생생하게 남아 있다.

### 당신과 어떤 이야기를 나눌까

또한 사람들은 당신과 무슨 이야기를 어떻게 해야 할지 잘 모른다. 혹시 실수하지 않을까, 혼자 사는 여자에게 상처가 되는 말을 한 건 아닐까 고민하다가 적절한 대화거리를 찾지 못한다. 그러니 가능하다면 당신이 먼저 사람들에게 적절한 화두를 던져주기를 권한다. 많은 이들이 '다른' 당신의 삶을 통해 알지 못했던 새로운 세계를 경험할 수 있도록 말이다.

### 인류의 반쪽을 배제한 만큼

마지막으로, 개인적으로 여성의 사명에 대한 감동적인 글이 있어

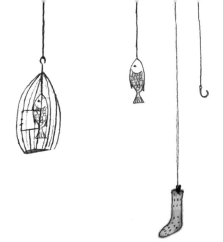

새로운 세계를 지닌 특별한 당신

서 소개하고 싶다. 폴 투르니에는 《여성 그대의 사명은》에서 이 땅을 살아가는 여성들의 사명에 관해 감명 깊은 말을 남겼다.

르네상스의 전략은 길게 보아 불안정한 것이다. 그것은 과학적 · 기술적 진보가 이룩한 화려한 영광을 과시했다. 그러나 그것은 마치 발동을 걸었지만 다시는 멈출 수 없는 엔진과도 같다. 새로운 고민이 우리를 사로잡고 있는데, 그것은 인격이 사물에 눌려 질식당하는 비극, 곧 모든 인간성을 결여한 문명에 대한 두려움이다. 왜 이 전략은 결국 안정된 것이 될 수 없는가? 그 이유는 그것이 인류의 반쪽을 배제시켰기 때문이다. 즉, 여성만이 줄 수 있는 선물을 상실한 채 문명사회를 이룩했기 때문이다. 그렇게 함으로써 인간 생활의 반쪽인 감정적이고 합리적이지 않은 본성의 측면과 인격적 관계에 대한 욕구를 전부 버린 셈이다. 더군다나 이 반쪽은 다른 반쪽보다 더 중요한 것이다.

남자와 여자는 더불어 세계를 건설하도록 창조된 것이다. 다른 말로 하면, 권력을 향한 끝없는 경주로 점철된 남성적인 역사와, 인격보다 사물을 우위에 두는 남성적인 문명을 건설하는 것은 창조주의 의도에 어긋나는 것이다.

폴 투르니에의 관점은 오늘을 살아가는 여성들에게 부르심을 일깨워준다. 우리 사회의 많은 영역에는 여성의 인격과 손길이 필요한 부분이 많이 있다. 목표지향적인 사회 속에서 사람들이 놓치고 있는 '사람'에게 가치를 부여하는 일은 매우 중요한 일이다. 믿음, 소망, 사랑 중에 제일인 사랑을 가지고 사람을 대하는 것, 여성들이 세상에 비추어야 할 빛이다. 그래서 사회 곳곳에, 또 교회 안에 사람을 생각하고 사람을 사랑하는 정책과 구조가 생겨나도록 하는 것이 우리들의 몫이다.

물론 결혼한 여성들도 자신의 삶의 영역에서 이 부르심에 동참해야 한다. 하지만 현실적으로 좀 더 많은 시간과 에너지, 기회를 가진 싱글들이 이 부르심에 더욱 적극적으로 응답해주기를 기대한다. 나는 싱글 여성들이 결혼한 이들이 보지 못하는 세상의 많은 부분을 보고 섬길 수 있는 힘이 있다고 생각한다. 그녀들이 사회와 교회가 잃어버린 인격성을 되찾아주며, 앞으로의 세계를 남성들과 더불어 멋지게 건설해주기를 기대한다.

### 착하고 충성된 나의 딸아

여자 나이 서른이 넘으면 결혼을 한 여자와 결혼을 안 한 여자 두 부류로 나뉜다는 글을 읽은 적이 있다. 그러나 지금은 엄청난 차이인 것처럼 보이는 이 나뉨이, 영원이라는 시간 앞에서 생각해보면 도토리 키 재기와 비슷한 것이 아닐까 하는 생각이 든다.

우리는 주님 앞에 다양한 모습으로 살아갈 수 있다. 결혼해서 남편과 아이를 사랑하고 헌신하는 여인의 삶을 살거나, 독신으로서 또 다른 세계를 경험하면서 사회와 사람들에게 사랑을 나누며 살아갈 수 있다. 삶의 형태가 어떠하든 자신이 선택한 삶을 그리스도 안에서 최선을 다해 살았다면, 우리는 모두 그날에 "잘하였도다, 착하고 충성된 종아!"라는 주님의 따사로운 칭찬의 말을 듣게 될 것이다. 그리고 그분 품에 아기처럼 달려들어 안길 수 있을 것이다.

사람들을 섬기고 사랑하는 데 쓰는 시간은
영원한 재산이다.

# 넌크리스천과
## 교제를 시작한
## 당신에게

예수님은 상대가 세리여도 그 사람과 함께 문제를 풀어나갔다.

오랜만에 들어온 소개팅.

"뭐하는 사람인데? 나이는? 생긴 건 어떤 스타일인데?"라는 기초 질문 리스트를 무리 없이 통과한다. 다음, "교회는 어디 다녀?"라는 질문에 주선자의 아쉬운 한마디. "다 좋은데 교회를 안 다녀. 근데 어릴 때는 다녔고, 엄마는 권사님이래." 그 남자의 엄마와 연애를 할 것도 아니건만 엄마가 권사님인 게 무슨 소용이란 말인가. 결국 그녀는 교회를 안 다닌다는 말에 아쉽지만 소개팅을 포기한다. '왜 아들이 교회를 안 가게 방치한단 말인가!'라는 생각을 하며 마음을 접은 경험, 많은 올드미스들에게 있었으리라.

이십 대 초반에 나는 교회에 안 다니는 남자는 다 도둑놈인 줄 알

앴다. 교회 안에서 남자들에 대한 가르침은 그리 객관적이지 않았던 것 같다. 그래서인지 나는 교회에 안 다니는 남자들은 모두 술에 절어 살고 여자를 밝히며 진실성이 결여되어 있는 나쁜 집단인 줄 알았다. 그런데 그게 아니었다. 어쩜 그렇게 생각도 바르고, 외모도 훌륭하시고, 성품도 좋으신 남자들이 교회 밖에 그토록 즐비한지 모르겠다. 교회에 다니는 괜찮은 남자는 애인이 있고, 애인 없는 괜찮은 남자는 교회를 안 다닌다. 상황이 이렇다 보니 나이가 찬 그녀들에게 괜찮은 넌크리스천과 만날 기회가 찾아온다면 어찌 갈등하지 않을 수가 있을까.

크리스천, 행복할 조건?

넌크리스천과의 교제에 대해 된다, 안 된다로 간단하게 답하기는 어렵다는 생각이 든다. 넌크리스천과 교제를 하는 그 동기와 상황이 모두 다르기 때문이다. (일단 여기는 결혼이 아닌 교제에 대해서 이야기하고 있다.)

"넌크리스천과 교제해도 돼!"라는 말로, 매력적인 남자를 수시로 만나거나 넌크리스천과 크리스천을 자유롭게 넘나들며 두 세계의 남성을 포식하는 일부 개념이 아쉬운 자매들의 무분별한 연애를 부추기고 싶지 않다.

또 "넌크리스천과 교제 절대 안 돼지"라는 결론으로, 마음고생 끝에 성품 좋은 넌크리스천 남자를 만난 자매의 희망을 무참하게 짓밟고 싶지도 않다. 교회 안에서 만나지 못해 바깥엔 좋은 사람 없을까 기대하는 자매들의 꿈도 단칼에 베어버리고 싶지 않다.

넌크리스천과의 교제는 연애를 하는 당사자도 그저 행복하지만은 않을 뿐더러 주변에서도 덮어놓고 축하해주기도 그런 뜨거운 감자다. 일단 그녀들은 어느 정도의 죄책감 속에 연애를 시작한다. 공동체는 은근한 정죄 모드로 그녀의 연애사건을 대한다. 점점 자신의 연애에 관한 이야기를 공동체에서 나누기 어려워지고 공동체도 그녀가 어서 정신을 차리고 헤어지기를 바랄 뿐, 그녀와 연애에 관해 편안한 담소를 나눌 만큼 유연하지 못하다.

이런 식으로 시간이 흐르다보면 그녀는 공동체에 편안히 머무를 수 없게 되고 점차 멀어지게 된다. 그러면 공동체는 이렇게 주님을 떠나는 것이라며 변심한 그녀를 안타까워한다. 결국 그녀는 자신의 인생에 있어서 가장 중요한 문제인 결혼에 대해 공동체의 도움을 받지 못한 채 고립되고 외로운 섬이 되어 나가떨어지고야 만다. 외로워진 그녀는 급히 그와의 결혼을 선택한다. 그때부터 그토록 친하게 지내던 공동체 사람들과의 관계는 웃어도 웃는 게 아닌, 담이 생긴 관계로 변질되고 만다.

### 위로와 격려받을 권리를 버리지 마라

모두가 다 이런 수순을 밟는 건 아니다. 하지만 교회 안에서 헌신했던 자매가 넌크리스천과 교제를 시작하게 될 경우, 교제를 하는 그녀는 죄책감에, 공동체는 섣부른 정죄라는 올무에 걸리기 십상이다. 온전한 사랑이 모든 두려움을 내어 쫓건만, 우리는 넌크리스천과의 교제라는 그 뜨거운 감자가 너무 두려워, 그 안의 실체를 대면할 용기를 가지지 못하고 사람을 잃는다.

교회는 정죄하고 경계하는 입장에서 넌크리스천과 교제하는 자매들을 대할 게 아니라 그녀의 편에서 함께 고민하고 길을 찾는 파트너가 되어 주어야 한다. 친정아버지처럼 등을 토닥여주면서 함께 고민해보자고 손을 내밀어주어야 하는 것이다. 궂은 일 마다 않고 헌신할 때는 '귀한 자매'라고 했다가 좋은 시절 다 보내고 결혼문제 앞에서 큰 갈등을 맞이한 그녀를 정죄하며 돌연 등을 돌린다면 그건 정말 배신이다. 예수님은 상대가 세리이든지 창녀이든지 일단 그 사람에게 집중하셨고, 그 사람에게서부터 문제를 풀어나가셨다. 넌크리스천과 교제한다는 사건에 집중하기보다 그녀라는 사람과 인생을 먼저 보고 거기서부터 함께 문제를 풀어나갔으면 좋겠다.

그녀는 지금이 그 어느 때보다 도움이 필요한 순간이다. 공동체는 하나님의 인도하심을 받으며 그녀가 좋은 선택을 할 수 있도록 도와야 한다. 더 나아가 교제하는 형제도 포용하며 그들의 사랑을 함께 고민해주어야 한다.

결과가 어떻게 되었든 그들이 만남을 오픈하고 공동체로 나아오도록 하는 게 사랑으로 섬기는 공동체가 지녀야 할 태도가 아닌가 싶다. 연애라는 게 결혼이라는 중요한 결정을 피해갈 수 없기 때문에 중요한 것이다. 하지만 그렇다고 해도 연애 자체만을 가지고 그녀가 모두를 실족하게 하는 양 수선을 떨면 곤란하다. 지레 겁을 먹은 그녀와 남자친구는 공동체 안에 발을 들여놓을 수 없다. 그때부터 그녀의 삶은 복잡다단해지는 것이다. 마음속에서 비난하는 우리는 '넌크리스천과 교제'를 하지 않았다고 해도 그 외의 다른 위험한 선택들을 얼마나 많이 하며 살아가는가. 그녀들은 특별한 죄를 저지른 게 아니다. 우리의 눈빛에 그녀들의 마음이 더욱 쓸쓸해지지 않도록 표정관리가 필요할지 모르겠다.

## 당신의 고민을 나누라

만일 당신이 넌크리스천과 연애를 시작한 바로 그 여인이라면 죄책감에 스스로 고립되지 말고 교회 안에 신뢰할 만한 사람과 당신의 연애담을 나누기 권한다. 그리고 남자친구를 애교로 녹여 최대한 공동체의 사람들과 만나 시간을 보내게 했으면 좋겠다. 공동체에 적절한 형제들을 찾아 고기를 먹여가며, 남자친구와 우정을 형성하도록 아부를 떠는 물밑 작업도 열심히 해야 한다.

남자친구가 교회 안에서 사람들과 자연스럽게 만나면서 스스로가 새로운 세계에 대해서 적응하고, 당신이 말하는 하나님과 믿음의 삶이라는 것에 대해서 가늠해볼 수 있는 기회를 주어야 한다. 둘만의 데이트를 하면서는 그 사람이 정말로 당신과 결혼을 할 수 있을 만큼 정서적 호흡이 잘 맞는 사람인지 알아가야 한다. 삶의 가치관이 맞는지,

성품이 어떤지, 그가 아직은 그리스도인이 아니라고 해도 영원에 대한 사모함과 진리에 대한 진지한 추구가 있는 사람인지 알아갔으면 좋겠다. 그래서 '교회를 다니겠다는 거야, 말겠다는 거야'라는 피상적인 문제로 씨름하기보다, 삶의 가치관과 인생의 의미를 두는 무게중심이 일치하는지를 알아가야 한다. 만약 그런 방향이 맞는 사람이라면 힘써서 그리스도를 소개하면 좋겠다.

### 넌 교회를 안 다니니깐 땡!

이런 질문을 할 수 있겠다. "결국 예수님을 안 믿고, 교회를 다니지 않으면 헤어져야 하는 것 아닌가요?"

넌크리스천과 교제하다가 이별을 결정한다면, 그 이유가 단순히 '교회를 안 다니는 사람이기 때문에'가 되어서는 안 된다. 이별의 이유는 삶의 가치관이 다르기 때문에, 추구하는 삶의 목적이 또는 방향이 불일치하기 때문이라고 말해야 하는 것이다. '우리는 결혼해도 행복할 수 없다'는 결론이 이별의 핵심 이유가 되어야 하는 것이다. 물론 그리스도를 주로 모시지 않은 사람과 삶의 의미와 가치관이 한 방향이 되기란 결코 쉽지 않다. 하지만 교회를 다니고 안 다니고의 일차적인 문제는 아니라는 뜻이다.

이런 기준을 이별과 결혼의 문제에 적용하는 건 크리스천과의 만남에서도 다르지 않다. (교회를 다닌다고 해도 마음에 진정으로 하나님을 주인으로 모시지 않은 사람들도 있기 때문이다.) 그러니 다른 이유가 분명함에도 "너는 교회를 다니지 않으니 안 되겠어"라는 핑계를 이별의 핵심 이유인 양 들이밀지 말기를 바란다.

넌크리스천과 만나 교제해 얻게 되는 결과는 무척 다양하다. 넌크리스천인 상대를 만났지만 전도를 해서 선교지까지 간 커플이 있는가 하면, 교회에 다니겠다는 말만 믿고 결혼했는데 결국 주일마다 신경전을 벌이다가 자신마저 교회를 떠나는 경우도 있다.

교회 안에서 배우자를 애타게 찾았으나 결국 성사되지 못해 넌크리스천인 남자를 만나 결혼했는데, 남편은 그후 거부감 없이 교회를 잘 나와서 자녀와 함께 매 주일 교회에 출석하고 살아가는 자매도 있다. 반면 안타깝게도 여전히 믿지 않는 남편과 매번 종교적인 갈등을 빚고, 남편의 구원을 위해 십수 년간 눈물의 기도를 올리는 자매도 있다. 당신의 만남이 어떤 방향으로 흘러갈지는 아무도 알 수 없다. 넌크리스천과의 교제 문제는 공동체의 도움과 살아 계신 하나님의 인도함을 받으며 분별력을 가지고 헤쳐 나가야 하는, 매우 어려운 과제임은 분명하다.

### 정죄할 일도 받을 일도 아니다

당신이 손에 쥐고 있는 건 말 그대로 뜨거운 감자다. 무조건 꽉 쥐고 있다가는 손을 데일 수도 있고, 급하게 먹었다간 입천장이 까질 수도 있다. 뜨거운 감자를 잘 처리하기 위해서는 장갑이나 집게 같은 보호장치가 필요하고 식기를 기다리는 인내도 필요하다.

당신의 사랑에는 결과를 예측할 수 없는 힘든 기다림, 믿음과 사랑 사이를 오가게 되는 갈등과 고민, 결정적 순간의 결단, 그리고 사람들의 도움이 필요할 것이다.

　넌크리스천과 연애중이라면 죄책감 때문에 공동체에서 고립되지 말라고 부탁하고 싶다. 당신의 사랑을 더욱 드러내고 조언을 구하고 방향감각을 얻기를 원한다. 힘든 순간이 많이 오겠지만, 그러나 어떠한 순간에도 하나님은 당신을 사랑하시고 포기하지 않으신다. 그리고 누구보다 당신이 좋은 결혼을 하기 원하신다는 사실을 기억하기 바란다.

# 엄마는 엄마,
# 나는 나

가정 문제로 결혼을 포기하는 건 하나님이
기뻐하지 않는다.

'엄마'만큼 특별한 존재가 또 있을까.

좋든 싫든 엄마는 존재만으로 절대적이라고 해도 과언이 아니다.

언젠가 아프리카 일부에서 행해지는 마녀사냥으로 마을에서 도망쳐 위탁시설에서 살고 있는 한 소년을 인터뷰해 방영한 적이 있었다. 집안에 우환이 일자 그를 마녀로 생각한 엄마가 소년의 몸에 불을 질렀다. 겨우 도망친 소년은 온몸에 화상을 입어 상처투성이가 됐지만 여전히 엄마가 그립고 보고 싶다고 했다. 왜 고통을 준 엄마가 보고 싶으냐는 질문에 소년은 그저 "엄마니까요"라고 대답했다. 그 소년의 대답 앞에 더 이상 아무도 말을 잇지 못했다.

우리는 생각하는 것보다 훨씬 많이 정서적으로 엄마와 연결되어 있다. 군장병들은 '그리운 어머니'를 부르며 흘리지 않을 것 같았던 닭똥 같은 눈물을 쏟아 보는 이들의 마음을 찡하게 한다. 마마보이들은 엄마와의 긴밀한 유대관계로 여자친구를 얼마나 당혹스럽게 하는가. 그리고 엄마와 지나치게 긴밀한 유대관계를 가진 올드미스들의 경우 바로 그 정서가 결혼을 어렵게 한다.

### 엄마라는 이름의 거울

내가 아는 한 자매는 무척 아름다운 외모를 갖고 있어서 남자들은 물론이고 여자들도 그녀를 보면 예쁘다는 말을 안 할 수가 없는 절세미인이다. 거기다가 성품마저 부드럽고 차분했다. 하지만 그녀는 서른이 다 되어가도 애인이 없었고, 본인 스스로도 결혼할 생각이 없다고 했다. 그녀의 속사정을 몰랐던 나는 그냥 하는 소리려니 했다.

하지만 시간이 지나 그녀의 사정을 알게 되었다. 그녀는 아픈 어머니와 둘이 살고 있었고 경제적으로 어려운 시간을 보내고 있었다. 끝까지 아픈 어머니를 책임지며 가장으로 살기로 다짐한 그녀는 결혼을 포기했다. 때 이르고 섣부른 포기라는 생각이 들었지만, 그녀는 도무지 해결할 수 없는 환경의 한계 앞에서 다른 대안은 없다고 판단한 모양이었다.

우리가 생각하기엔 미모와 성품 때문에 그녀에게 많은 기회가 생길 것으로 보였다. 하지만 그녀는 오랫동안 자신을 묶어왔던 삶 앞에서, 미래에 대한 긍정적인 상상을 할 힘을 잃은 지 오래였던 것이다. 그리고 정말 신기하게도 그렇게 결심한 그녀에게 접근하는 남자가 없었다.

### 상처투성이의 기특한 딸들

가정이 안정적이지 않을수록, 아버지가 미울수록 우리는 엄마와의 유대관계를 더욱 끈끈하게 형성한다. 가까이 할수록 딸의 감정은 엄마에게 동화된다. 그리하여 엄마의 슬픔은 자신의 슬픔이 되고 엄마의 수치심도 자신의 수치심이 된다. 엄마와 애증관계가 생기기도 하고, 더 나아가 '엄마가 불쌍해'라는 정서가 형성되면서 딸들은 무책임한 아버지들을 대신해 엄마의 대리배우자 역할을 한다. 그러니 정서적 조강지처인 엄마를 버리고 다른 남자에게로 시집을 가기가 어려운 것이다. 앞에서 이야기한 절세미인의 경우가 그러하다.

겉으로 보기에 일찍 철이 든 기특한 딸일지 모르나, 정작 그녀들의 가슴은 곪아가고 있는 경우가 많다. 그녀들은 현실의 벽 앞에서 조용히 좌절과 절망을 경험한다. 좋은 가정에서 온갖 사랑을 받으며 귀여운 공주님으로 자라는 천진한 친구들을 보면서 부러움을 느낀다. 그리고 전혀 반대인 자기의 신세를 보며 고통을 느낀다. 오랜 시간 삶의 무게에 눌린 그녀들은 '나는 좋은 것을 가질 수 없다'라는 암묵적인 정서의 지배 속에 놓인다. 그리고 마음속 깊은 곳에서는 진정으로 행복을 원하지만, 결혼을 위해 용기 있게 도전하기가 어려워진다. '누가 이런 환경에 있는 나를 데려가겠어', '내가 결혼을 하면 나머지 가족들은 어떻게 살아' 등의 걱정들이 그녀들의 발을 묶는다. 그리고 더욱 가능성이 희박해지는 어느 먼 미래로 자신들의 결혼을 미룬다. 그녀들에게는 새 삶에 대한 소망이 필요하다.

### 뒤틀린 시각을 바로 잡고

나는 열네 살 때부터 엄마와 둘이 살았다. 아버지로 인해 쉽지 않은 삶을 살아야 했던 엄마를 지켜보면서 남자에 대한 부정적인 이미지가 강해졌고 더불어 엄마에 대한 연민은 더욱 깊어져갔다. 그래서 유년시절의 나는 엄마를 속상하게 하고 싶지 않아서 성실하고 올바른 삶을 살려고 애썼다.

그러다가 나의 정서가 엄마와 너무 많이 연결되어 있다는 것을 알게 되었다. 나의 주인은 엄마였다. 그리고 샴쌍둥이처럼 엄마와 나의 정서를 분리하지 못했다. 무엇보다 엄마를 통해 남자를 보았다. 엄마를 통해 본 남자는 그다지 좋은 존재들이 아니었다. 약간은 우스운 이야기이지만, 내가 초등학교 때 버스를 타고 엄마와 어딘가를 다녀오는 길이었다. 창밖으로 커플이 보였다. 남자가 여자 허리를 감싸 안은 포즈로 횡단보도에 서 있었다. 그 커플을 보며 엄마는 말했다. "지윤아, 저렇게 여자 허리를 길에서 마구 끌어안는 남자를 믿으면 안돼. 진실한 남자는 그냥 여자의 손을 꼭 잡는 거야."

엄마의 가르침은 서른 살이 될 때까지 내 생각을 다스렸다. 진실한 남자를 갈망했던 엄마는 편견 가득한 가르침을 전수했고 나는 그 가르침을 절대적인 진리로 믿었다.

그러나 남자의 진실성이란 그런 식으로 파악할 수 없는 것임을 나중에 알게 되었다. 엄마의 한마디 한마디를 통해 형성하게 된 남자에 대한 이미지는 미안하지만 한결같이 부정적인 것들이었기에 나는 그렇게 왜곡된 남성상을 바로 잡는 데 꽤 오랜 시간이 걸렸다. 남성상이 왜곡되면 자연히 결혼관도 왜곡된다. 나와 비슷한 경험이 있는 자매들은 자신이 엄마를 통해 남자를 보고 있다는 걸 깨닫고, 올바른 시선으로 남성들을 바라볼 수 있는 노력과 은혜를 구해야 한다.

### 누구의 삶도 대신 살아줄 수 없듯이

엄마가 삶에 대해 긍정적인 메시지를 주지 못했다면 당신은 그 영향을 받았을 수밖에 없다. 우리는 정서적으로 엄마에게서 독립해야만 좋은 결혼을 할 수 있다. 엄마는 엄마고 나는 나다. 냉정한 것 같지만 이렇게 해야 엄마를 진정 건강하게 사랑할 수 있고, 우리도 행복해질 수 있다. 엄마의 삶이 나에게 부정적인 영향을 끼쳤다면 우리는 그 영향력에서 벗어나야 한다. 자기연민, 남성에 대한 부정적인 시각, 삶에 대한 실패의식, 대리배우자로서 힘겹게 지고 가던 가정의 짐으로부터 자유로워져야 한다. 엄마를 배신하고 밀어내라는 게 아니다. 당신의 정서를 엄마와 분리하라는 것이다. 엄마에게 정서적으로 독립하지 못할 때 우리는 건설적인 미래를 기대할 수 없고 행복한 결혼을 기대하기 어렵다. 좋은 남자를 선택할 수 없는 건 물론이고, 애인이 생겨 결혼을 한다고 해도 결혼 과정 속에서 엄마의 말들이 당신에게 지대한 영향을 미칠 것이다. 결혼한 후 문제는 더욱 심각해져서 당신의 가정 안으로 원가정의 문제를 끌어 들여와 배우자를 당혹스럽게 할 수도 있다.

〈스토리 오브 어스The Story of Us〉라는 영화가 있다. 불같은 사랑을 해서 결혼한 두 남녀가 세월이 흐르면서 다양한 갈등으로 위기를 맞고, 또 극복해가는 과정을 그린 영화다. 이 영화에 아주 인상적인 장면이 나온다. 주인공 두 남녀가 침대 위에서 말다툼을 벌인다. 이 말 저 말 하면서 언쟁이 시작되었는데, 화면이 확장되면서 남자 옆에는 남자의 부모가, 여자 옆에는 여자의 부모가 앉아 있다. 실제로 앉아 있는 것이 아니라 그들의 생각에 영향을 주는 부모의 존재를 표현한 것이다. 양가의 부모들은 끊임없이 그들의 언쟁에 훈수를 놓는다. 주인공 남녀는 계속해서 부모의 충고를 들으며 언쟁을 이어간다. 실제로는 주인공 두 남녀의 언쟁이지만 결국 그들의 정서 속에 있는 부모로 인해 여섯 명의 언쟁이 된 격이다.

세상을 긍정적인 눈으로 바라보기

우리에게 부정적 영향을 주었던 가정으로부터 독립하지 못할 때, 그것은 계속해서 삶에 부정적인 영향을 미친다. 만일 당신이 지금 용기 있게 결혼에 도전하지 못하고, 기대하지 못하는 것이 가정의 영향

때문이라면 주저앉아 포기하는 건 하나님이 기뻐하시는 일이 아니다. 주님은 광야에 길을 내시고 사막에 강을 흐르게 하시는 분이다. 당신의 삶이 광야 같다면 길이 생길 것이고, 사막과 같다면 강이 흐르게 될 것이다.

보라 내가 새 일을 행하리니 이제 나타낼 것이라. 너희가 그것을 알지 못하겠느냐. 정녕히 내가 광야에 길과 사막에 강을 내리니 장차 들짐승 곧 시랑과 및 타조도 나를 존경할 것은 내가 광야에 물들을, 사막에 강들을 내어 내 백성, 나의 택한 자로 마시게 할 것임이라(사 43:19~20, 개역한글).

우리의 인생은 충분히 긍정적인 방향으로 흘러갈 수 있다. 지금까지 많은 걸 포기하고 살았기 때문에 앞으로도 나는 좋은 것을 가질 수 없으리라는 부정적 생각을 떨쳐내자. 그리고 이제 결혼에 관한 새 소망을 품고 기도했으면 좋겠다.

정작 우리를 가두는 건 내가 처한 현실이 아니라 마음속에 스스로 만든 감옥이다. 우리를 지치게 했던 오랜 시간이 용기와 소망을 빼앗아가고 긍정적인 생각을 할 수 없도록 만들었다. 모든 상황에서 되도록이면 부정적인 방향으로 생각하는 습관이 생긴 것이다.

### 엄마는 하나님의 것

생각의 힘이 얼마나 중요한지 크게 깨달았던 적이 있다. 결혼 전에
나는 1년 정도 작은삼촌네 집에서 살았다. 그때 중학생이었던 사촌여
동생과 한 방을 쓰게 되었다. 사촌동생은 성실하고 근면한 부모님 덕
에 부족함 없이 자란 해맑은 소녀다. 구김살이란 없고 내면은 언제나
긍정적인 자아상으로 가득하고 힘이 넘쳤다. 그런 소녀와 내가 방을
같이 쓰게 되었는데 어느 날 밤, 할머니에 대한 이야기를 하게 되었
다. 내가 말했다. "할머닌 내게 여우같다는 말을 많이 쓰셨어. 나는
그 말이 너무 싫었어."

그랬더니 동생이 말했다. "언닌 여우같다는 말이 왜 싫어? 할머니
는 나한테도 만날 여우라고 그러는데? 그거 좋은 뜻 아니야?"

"너한테도 여우라고 하신다고? 근데 너는 그 소리가 안 싫어? 여
우가 무슨 뜻을 가지고 있는지 아니?"

"영리하다, 민첩하다, 지혜롭다, 빠르다, 뭐 그런 거 아니야?"

그날 밤 정말 큰 충격을 받았다. 나에게 있어 여우같다는 말의 의
미는 '이기적이다', '얍삽하다', '꾀를 부린다' 등의 의미였기 때문이
다. 살아온 처지와 환경이 너무나 달랐던 우리는 '여우'라는 한 단어
앞에 그토록 다른 생각을 하고 있었던 것이다. 당신에게 여우라는 단
어는 어떤 의미인가?

당신의 가정의 상황이 어떠했든 엄마의 남자가 어떠했든지, 그
건 상관없다. 당신에게는 당신의 인생이 있다. 주님은 결혼을 통해 독

립된 당신에게 회복된 새 삶을 주기를 원하신다. 그러니 엄마의 인생과 정서에 따라 함께 롤러코스터를 타지 마라.

엄마는 엄마고 나는 나다. 엄마의 주인은 하나님이시고 내 정서의 주인은 하나님이시다. 우리가 할 수 있는 만큼 최선을 다해 엄마를 사랑하자. 그러나 현실적으로 감당할 수 없는 영역에선 하나님께 엄마를 부탁하자. 엄마는 주님 것이니까.

엄마를 건강하게 사랑하고 나 또한
행복해지는 삶

# 결혼,
## 아줌마가
## 되는 길

결혼에 대해 현실적 고민을 할 때, 배우자상도 찾을 수 있다.

마을버스에서 하차벨 누르는 걸 깜빡하고 내리는 문 앞에 당당히 서 있었더니, 기사분이 "아줌마 내릴 거예요?" 하고 퉁명스럽게 묻는다. 다른 생각에 빠져 있다가 놀라 "죄송합니다"를 연발하면서 내렸다. 그리고 아직도 귓가를 생생하게 맴도는 말, '아줌마.'

경비 아저씨가 "102호 아줌마 맞죠?" 하고 확인하고는 친절하게 택배 상자를 건네준다.

엘리베이터에서 자전거 두 대를 가지고 타려던 한 아이가 나를 보더니 옆에 있던 엄마에게 "아줌마가 있어서 안 되겠다. 다음 엘리베이터 타자"며 아쉬워했다. 집에 들어오면서 생각했다. 아이가 나를 너무나 자연스럽게 아줌마라고 부른 건 내 손에 들려 있던 음식물 쓰레기봉투와 허접한 슬리퍼(일명 아줌마 쓰레빠) 때문이었을까? 아니면 내가 이제 완전한 아줌마 자태를 뽐내고 있어서일까?

저녁을 먹으며 남편에게 물었다. "여보, 이제 나 아줌마 같아?" 언제나 직선적이고 솔직한 그는 "응, 이제 아줌마지, 나쁜 의미 아닌데?"라며 마구 반찬을 집어먹는다. 나쁜 의미가 아닌 건 또 뭔가.


그대 이름은 아줌마

불과 얼마 전까지만 해도 "아가씨신가, 아줌마신가?" 정도의 멘트는 들었다. 하지만 이제 사람들은 전혀 주저 없이 나를 '아줌마'라고 부른다. 가끔 '아주머니'라고 늘여서 불러주는 사람들도 있다. 나도 그간 얼마나 많은 여인네들을 무심하게 '아줌마'라고 불러왔던가.

개인적으로 아줌마라는 단어를 싫어하지는 않지만, 불특정다수에게 아줌마로 불리는 일상 속에서 신분의 변화를 실감하고 있다. 그토록 원하던, 로맨틱의 절정 '결혼'을 했는데 순식간에 신혼이 지나갔다. 그리고 나는 누구나 편안하게 불러대는 아줌마가 되어 있었다. 결혼을 갈망하는 당신, 결혼에 관해 과연 무엇을 상상하고 있는가.


#1

살랑살랑 불어오는 바람에 레이스 커튼이 춤을 추듯 부드럽게 펄럭인다. 창문 틈 사이로 쏟아져 들어오는 햇살은 토요일 늦은 아침을 더욱 따사롭게 만든다. 안락한 소파, 소파 색에 맞춰 보기 좋게 놓인 푹신한

건전하고 현실적인 일상을 감당하는

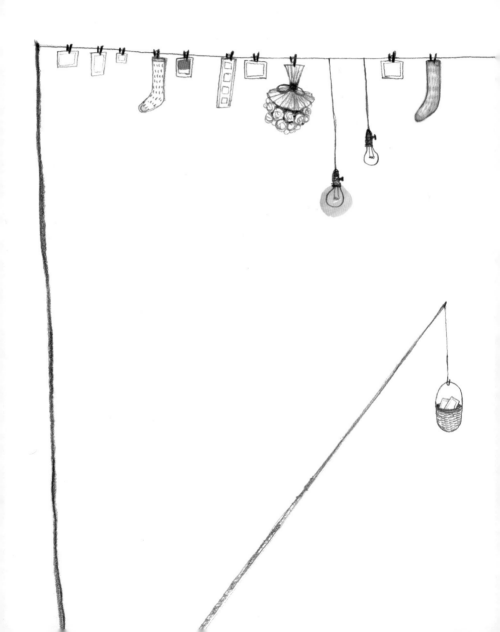

결혼 생활

쿠션들, 거실 중앙에 걸려 있는 웨딩액자, 아늑하고 로맨틱한 분위기의 침실. 토스트에 커피로 아침식사를 가볍게 한 후 사랑하는 사람과 마트에 간다. 그녀는 그의 팔짱을 끼고, 그는 여유롭게 카터를 민다. 함께 싱싱한 생선을 고르고, 장을 보는 중에 그는 그녀에게 장난을 친다. 그녀가 까르르 웃는다. 집에 돌아와 그는 청소를 하고, 그녀는 앞치마를 두르고 늦은 점심을 만든다. 평화롭고 행복한 오후다.

#2

어린이집에서 아이를 데려와 겨우 저녁을 먹이고, 잠깐 만화를 틀어주었다. 뒤집어놓은 양말이 방바닥에 굴러다니고 있다. 그는 아직 집에 오지 않았다. 요즘 회사일이 너무 많은가 보다. 서로 바빠서 얼굴 보고 대화한 지도 오래다. 만나면 서로 피곤하다는 타령 뿐이다. 게다가 요즘은 시댁 또는 처가에 연락하는 문제로 서로에게 예민해져 있다. 냉장고에는 먹을 만한 것이 없다. 피곤해서 마트에 못 간 지 한참이다. 명절이 다가온다. 무슨 선물을 준비해야 할까? 연휴는 단 3일뿐인데 이 집 저 집 오가고 나면 또 출근날이 된다. 요리도 잘 못하는데 긴장된다. 휴… 일단 세탁기부터 돌리자.

여기 두 개의 장면 중 어느 것이 결혼의 실상과 더욱 비슷할까? 지금까지 마음에 그려왔던 결혼생활을 반추해볼 때, 솔직히 당신은 어느 쪽을 상상해왔는가? 물론 두 가지 장면 모두 가능하게 벌어지는 일이다. 그러나 어느 장면이 결혼 안에서 더 많이 반복될까? 결혼에 관한 핑크빛 환상을 제대로 깨면 깰수록 결혼생활은 더더욱 행복해지리라 나는 확신한다.

하지만 많은 자매들이 결혼에 대한 막연한 환상을 꿈꾼다. 그러나 유감스럽게도 결혼 자체는 우리를 행복하게 해줄 능력이 없다. 결혼은 행복하기 위해 하는 것이 아니다. 《사랑과 행복 그 이상의 결혼 이야기》에서 게리 토머스는 "결혼은 행복해지기 위해 하는 것이 아니며 오히려 거룩을 위한 부르심"이라고 말했다. "만일 행복을 위해 결혼하는 것이라면 우리는 2, 3년마다 한 번씩은 결혼을 해야 할 것"이라고도 말했다. 이 말에 200퍼센트 공감한다.

행복하기 위해서 결혼을 하는 게 아니라는 걸 알았을 때, 나는 적지 않은 충격을 받았다. 왜냐하면 지금보다 행복해지고 싶어서 결혼을 원했기 때문이다. 그러나 실제로 결혼을 하고 지금까지 이 생활을 꾸려오면서 결혼이 행복만을 위한 부르심은 아니라는 걸 자연스레 깨닫게 된다. 대신 이 과정들을 성실하게 해내면 행복이라는 열매가 맺혀가는 것임을 알게 되는 것이다.

결혼을 상상할 때, 일단 웨딩드레스, 웨딩촬영, 결혼식, 신혼여행, 신혼집, 함께 하는 요리, 거실에서 같이 TV 보기, 마트 가기 같은 것들을 떠올린다. 이것들은 곧 핑크빛 환상과 관련된 것들이다. 물론 이런 것들은 결혼 안에 있다. 하지만 결혼 안에는 그 이외의 것들이 더 많다.

내가 결혼한다고 했을 때 사람들이 많이 했던 질문 중 하나는 "신혼여행은 어디로 가?"였고 곧이어 나오는 말은 "좋겠다"였다. 그런데 이런 반응을 하는 이들 중 상당수는 이미 유부녀들이었다. '본인들은 이미 경험한 건데 왜 저렇게 반응을 하지?' 이상했다. 하지만 그녀들은 알고 있었던 거다. 우리가 4박 5일간의 꿈같은 신혼여행을 마치고 귀국해 'Republic of Korea'에 첫발을 내딛는 순간, 상상을 초월한 삶이 우리를 기다리고 있다는 것을 말이다.

## 마냥 즐거운 것만은 아닌 결혼

이상하게도 우리는 수많은 상상을 하고 살지만 결혼에 관해서만큼은 그 상상력이 결핍증에 걸린 것 같다. 결혼식 다음, 신혼여행 다음에 우리를 기다리고 있는 일상과 현실에 대해서는 야무진 상상을 하지 못하기 때문이다. 그러나 우리는 유부녀들의 이야기를 듣고 현실을 알아감으로써 마음의 준비를 해두는 것이 유익하다.

결혼은 일상이고 생활방식이다. 재미있는 통계가 있다. 린다 딜로우의 《준비된 결혼 준비된 배우자》를 보면, 결혼생활 중 우리는 35,000번의 식사준비를 하고, 10,000~40,000번의 이불 정리를 하며 7,000번의 화장실과 부대시설 청소를 한단다. 우리는 결혼이 매우 특별한 것이지만, 동시에 평범하고 일상적이라는 걸 인지할 필요가 있다. 선교지로, 직장으로, 사역으로 부름을 받듯이 결혼으로 부름을 받은 것이다. 즉, 하나님 앞에서 부름받은 나의 인생을 살아가는 것이다.

인생의 중요한 과정으로 결혼생활이라는 시간과 공간을 받는다. 그것은 매우 복잡하고 어려운 문제들을 풀어나가야 하는 과정이고, 우리는 이런 과제들을 진지하게 하나님 앞에 풀어가는 가운데 사랑으로 인해 성숙해진다. 신혼을 지나 임신과 출산을 하고, 고독한 체력전인 육아를 경험한다. 언제까지나 다닐 수 없는 직장에 대한 고민도 시작될 것이다. 그렇게 지지고 볶는 사이 우리는 순식간에 마흔 자락을 넘기게 될 것이다.

### 결혼 사역을 감당하는 자매들에게

결혼을 하면 여자들은 왜 아줌마가 되어가는 걸까? 아마도 결혼이라는 게 아줌마가 되지 않고서는 감당하기가 힘들기 때문이 아닐까? 결혼은 아줌마로 가는 문이다. 때로 자매들이 이런 말을 한다. ‘내가 밥하려고 결혼했나?’

그런 자매들에게 묻고 싶다. “그러면 무엇을 하려고 결혼했는가?” 밥을 꼭 여자가 해야 한다는 뜻이 아니라 결혼은 현실적으로 일상 속에서 많은 희생과 헌신을 요구하기 때문이다. 우리는 성실하게 매 순간을 지내야만 결혼생활을 유지할 수 있다.

결혼이 결혼답지 못한 이 세대 속에서 그리스도인들은 누구보다도 결혼과 사랑에 대해 건전하고 현실적인 개념을 가지면 좋겠다. 결혼은 월화수목금토일을 살아가는 것이다. 함께 먹고, 자며, 이야기하고,

전기세를 내고, 병원에 같이 가주고, 함께 주차걱정을 하고, 모기를 잡고, 쓰레기봉투를 내다버리며 일상을 살아가는 것이다.

내가 좋아하는 남자와 알콩달콩 사는 것,

남편이 생기는 것,

신혼의 즐거움이 있는 것,

나를 행복하게 해줄 미래,

라는 생각을 뛰어넘어 좀 더 현실적으로 결혼을 기대하면 좋겠다. 그래야 우리는 결혼 후에 벌어지는 현실을 받아들이고 감당할 수 있다.

우리가 결혼에 대해 현실적으로 기대할 때, 배우자를 고르는 데도 좀 더 명확하게 갈피를 잡을 수 있다. 파티에서 입을 옷을 고르는 것과 등산을 갈 때 고르는 옷은 다르다. 결혼이 파티인지 등산인지 미리 가늠한다면 기준도 생기고 방향도 생겨 배우자를 고르는 것이 훨씬 수월해질 것이다.

주변 유부녀들에게 결혼에 대해 물었다. 매일매일 충성스럽게 본인들이 선택한 결혼생활을 감당해나가는 그녀들의 대답을 전하며 이번 장을 마치고 싶다.


결혼은 나를 버리는 길로 들어서는 것. _광명시의 주성맘

결혼은 부르심이었죠. 정말 재미없는 대답이죠? 근데 그게 정말 사실이거든요. _그레이스

결혼, 어려움이 일상이 되는 것. _최씨의 부인

나라는 존재는 없어지는 것, 이름 석 자도 없어지지만 그래도 가정을

통해 행복을 얻는 것. _ 결혼한 지 28년 된, 번동의 예현이 엄마

한숨 쉬고, 상처받고, 실망하고, 그러다가 사랑하고 울고 웃는 것. 아!

그리고 다니던 미용실을 바꾸어야 하는 것. _ 아줌마

결혼, 모든 걸 말할 수 있는 친구를 만나는 것. _ 정 여사

끊임없는 보수공사가 필요한 내 인생의 안식처. _ 무늬

여자에겐 희생… 그리고 내가 만드는 가족. _ 부천 사는 준우맘

믿음! 참을성! 의리! 다함께! _ 결혼 19년차, 유은경

결혼, 주님을 따르는 거랑 비슷한 거 같아. 대충 믿으면 편한데, 제대

로 믿으려면 헌신해야 하니까. _ 이름을 점점 잊어가는 두 아이의 엄마

크신 하나님께서 시시콜콜한 나의 연애사에 이토록 관심이 많으실 줄은 상상도 못했다. 그러나 하나님은, 사랑하고 사랑받기에 너무나 부족했던 '김지윤'의 연애와 결혼에 대해 그 누구보다도 관심이 많으셨다. 그분은 내게 아버지로 찾아오셔서 상처를 버리고 사랑하는 방법을 가르쳐주셨다. 당신에게도 이런 하나님과의 만남이 시작되어, 그분과 함께하는 사랑 찾기로 삶의 모든 부분이 즐거워지기를 바란다.

이 책에서 내가 제안한 이야기들은 조금 우스꽝스럽기도 할 것이다. 그리고 얌전한 당신이 시도하기에는 과한 부분이 있을지도 모른다. 그러나 이 책을 통해 많은 올드미스들이 사랑을 향한 멋진 도전들을 감행했으면 좋겠다. 제발 '나는 못해'라는 그 몹쓸 소심함으로 주저앉지 않기를 바란다.

이 책은 많은 이들의 조언과 지혜가 모인 것이고, 나는 엮었다고만 해도 과언이 아니다. 올드미스를 위한 책을 쓴다고 했을 때, 정말 필요한 책이라며 격려해준 많은 이들에게 감사하다.

우선 지혜를 아낌없이 나누어준 친구들과 IVF 간사님에게 정말 고맙다. 또 한국 교회의 올드미스들을 사랑하고 안타까워하는 마음으로 출판을 제안해주고, 용기를 준 포이에마 식구들에게도 진심으로 감사의 마음을 전한다.

내가 처음으로 자존심을 버리고 사랑의 여정을 시작할 수 있도록 문을 열어주셨던 이미순 간사님에게도 정말 감사하다. 용기 없던 내게 처음으로 연애에 관한 글을 써보라며 제안해준 나의 산책 친구 효진에게도 감사하다는 말을 꼭 전하고 싶다.

마지막으로 다른 엄마들은 공원을 산책하며 태교해주건만, 주야장천 책상에 앉아 연애 이야기로만 태교받고 태어난 민혁아, 잘 견뎌주어 고맙다. 가장 중요한 사람, 나를 사랑으로 인도해준 남편 현준에게 감사의 마음을 전한다.

이 책을 읽고, 사랑을 찾게 된 많은 여인네들의 이야기가 들려왔으면 좋겠다. 그리고 하루가 멀다 하고 벌어지는 혼인잔치에 많은 이들이 흥겨워하면 좋겠다. 머지않아 주보 결혼소식란에 당신의 이름이 위풍당당하게 올라가기를 간절히 바라면서 이야기를 마치고자 한다. 이제는 사랑을 향해 가는 당신의 이야기가 시작될 때다.

Ready, Action!


_남편 현준과 아기 민혁이 함께하는 '우리' 집에서

# 연애의 일곱 가지 계절

연애를 시작하는 당신에게

학창시절 나에게 가장 어려웠던 과목은 수학이었고, 그 다음이 체육이었다. 수학은 머리가 달려서 어려웠고 체육은 몸이 달려서 어려웠다. 그러나 이 둘보다 더욱 어려운 것이 있었으니, 바로 연애였다. 뾰족한 답도 없고, 주변에게 대신 부탁할 수도 없던 과목이었다.

늦은 나이에 시작한 연애는 좀체 따라갈 수 없는 난이도 높은 문제였다. 도대체 내가 잘 하고 있는 것인지, 이 남자와의 갈등은 어떻게 풀어야 하는 것인지, 이번 싸움은 이별을 생각할 만큼의 수위가 아닌지 〈수학의 정석〉처럼 지침서라도 있었다면, 한 장 한 장 씹어 삼키면서라도 공부하고 싶은 심정이었다.

그렇게 어려운 과정을 마치고 결혼을 한 후, 연애에는 어떤 흐름이 있다는 생각이 들었다. 그리고 그 흐름을 일곱 가지의 계절로 정리해

보았다. 사람들의 사정과 기질이 다르니 천편일률적으로 적용할 수는 없을 것이다. 하지만 늦은 나이에 사랑을 시작한 올드미스들이 좋은 연애를 하는데 조금이나마 도움이 되기를 바라며 연애의 일곱 계절을 소개하고자 한다.

### 첫 번째 계절 _고독기

여기 외로운 한 여자가 있다. 인생사에 사랑이 부재인 지 오래다. 친한 친구들과 치킨을 시켜 먹으며 〈섹스 앤 더 시티〉를 봐도 재미 없어진 지 또한 오래다. 밤 깊은 줄 모르고 떨었던 수다 뒤엔 큰 공허함이 남는다. 우정으로 더 이상 내 마음을 채울 수 없다는 것을 한밤중에 뜯는 오징어다리가 알려주는 단계이다.

고독기는 홀로 있는 시기로, 외롭다는 감정을 진하게 느낀다. 길고양이나 주인을 잃은 개만 봐도 연민을 느낀다. 뭐든 혼자 있는 것들만 보면 감정이입이 되면서 함께 아파하는 계절이다. 사랑하고 사랑받고 싶은 욕구가 채워지지 않아 괴로워한다. 고독기가 뿜어내는 강력한 기운만큼 폐인을 만드는 것도 없지만, 훌륭한 고독기를 보내기 위해 다음과 같은 질문들을 해야 한다.

왜 연애하고 싶은가? 사랑하고 싶어서인가, 사랑받고 싶어서인가?

그저 외로움을 달래기 위해 연애를 할 것인가?

사랑을 기다리며 무엇을 기대하는가?

외로움을 사랑으로 채우려는 시도만큼 큰 실수는 없다. 사랑은 또 하나의 숙제이지 외로움에 대한 답이 아니다. 사랑은 궁극적으로 외로움을 해결하지 못한다. 그 자리는 오직 하나님과의 관계에서 채움을 받을 수 있다.

이 시기를 잘 보내는 사람들이 있다. 바로 자신을 알아가는 사람들이다. 그들은 좀 더 객관적으로 자신의 장단점을 알아가고, 타인을 사랑하는 것에 적합한 사람들로 준비되어 간다. 고독기에 사랑할 준비를 하는 여자, 진짜 멋진 고독녀다.

### 두 번째 계절 _물색기

사람을 만나야겠다는 결심과 함께 열심히 사랑을 찾는 시기다. 이때는 적극적으로 주변을 둘러본다. 그동안 공동체에서 놓친 인물이 없나 다시 살펴보고 소개팅도 한다. 말 그대로 물색을 하는 시기다. 이때 주의할 것은 낚시질, 그물, 미친 도끼질과 같은 태도이다. 여기저기 추파를 던지면 곤란하다. 마음으로 한사람을 담고, 깨끗한 마음을 가지고 접근해야 한다.

그런데 어떤 여인들은 고독기에서 벗어나지 않고 물색조차 하지 않는다. 제발 물색하시라. 놓친 자는 없는지 공동체를 샅샅이 훑어보시고, 주저하지 말고 소개팅에도 오케이하시라. 뒤로 물러가 다시 고독기에 첨벙 빠져들지 말고, 적극적인 행동과 간절한 기도 가운데 한사람이 수면 위로 '퐁' 하고 떠오르기를 기대하기 바란다.

결혼은 부르심이다. 분명한 이유로 독신의 삶을 선택한 것이 아니라면, 인생에서 열심히 이 부르심에 응답하며 살아야 한다. 그러므로 때가 되면 물색을 시작하셔야 한다.

### 세 번째 계절 _호감기

수면 위로 '퐁' 하고 떠오른 이와 무언가 야릇한 기운이 오고가는 시기다. 구체적인 대상이 생기고 관심이 있음을 표현하게 된다. 올드미스인 당신에게 구체적인 대상이 생긴다면 어떤 수를 내서라도 만나야 한다. 본격적인 데이트는 아니지만 이런저런 이유로 건수를 만들어 둘만의 개인적인 만남을 가져야 한다.

이렇게 만난 이들은 연인은 아니지만 영화도 보고 통화도 한다. 조금 발전하면 해석이 필요한 야릇한 문구와 이모티콘이 담긴 문자메시지가 오고간다. 설레기도 한다. 로맨스 영화의 도입 부분이라고 해도 무방하다.

이때는 그 어느 때보다 솔직한 마음, 정직한 태도와 지혜가 필요하다. 이 계절은 매우 예민한 단계로 지혜롭게 보내지 못하면 상처를 주거나 받기 십상이다. 이 시기는 애매한 친밀함을 조심해야 하고, 발뺌의 대상이 되지 않도록 자신을 보호해야 한다. 책임질 수 없는 행동을 감정적으로 해서는 안 된다. 호감기가 너무 긴 것은 좋지 않다. 호감기 끝에는 연인이 될 것인지 말 것인지 선을 정해야 하는 순간이 온다. 만일 호감기에 만나는 이가 정말 괜찮은 사람이라는 생각이 들었다면 덥석 물어야 한다. 사랑에는 용기가 필요하다.

### 네 번째 계절 _흥분기

본격적인 연애가 시작된다. 오래 기다려온 만큼 절절하다. 잠시 정신을 잃는 단계다. 완벽한 의상과 메이크업으로 데이트를 준비한다. 서로의 매력은 강렬하다. 눈에서 하트가 튀어나올 정도로 온 세상이 '그 사람'으로 가득하다. (만일, 호감기 끝에서 애인의 연을 맺지 못해 다시 고독기로 돌아갔다면, 좌절하지 말고 다시 사랑을 시작하는 용기를 가지면 좋겠다.) 지하철에서 몸이 뒤엉키다시피 착 달라붙어 있는 연인들을 보면 '아, 흥분기인가보다' 하고 생각한다. 오래된 연인들은 웬만해서 그런 식으로 엉켜 있지 않는다.

그러나 잠깐! 이때 정신을 가다듬고 사랑에 대해 살펴봐야 한다. 사랑이라는 감정이 우리를 휘감을 때, 감정 자체를 사랑하지 않도록 주의해야 한다. 또 나르시시즘으로 사랑에 빠진 자기를 감상하며 즐거워하는 것도 금물이다. 흥분을 가다듬고 상대의 인격을 들여다봐야 한다. 감정은 사랑의 일부이지, 그 자체가 아니기 때문이다. 연애하는 자신을 관찰할 것을 권한다. 매력을 느끼고 좋아하는 것을 뛰어넘어 '사랑하는 것'을 시작했는지 말이다.

그리고 이때는 친밀함에 대한 욕구가 강해지고 욕구는 스킨십으로 이어진다. 때로는 관계가 풀리지 않아도 육체적인 욕구는 채울 때가 있다. 이 시기에 인격적인 사귐은 삭제한 채, 스킨십으로 정을 쌓는 건 절대 금물이다. 잘하는 연애란 어떤 것일까? '연애는 연애다. 아무리 서로가 좋다고 하더라도 아직 부부가 아니다' 라는 사실을 기억하는 것이다. 그러면 정서적인 선도 육체적인 선도 잘 지킬 수 있다.

### 다섯 번째 계절 _갈등기

드라이도 대충, 옷도 대충 입고 데이트에 임할 용기가 생기는 계절이다. 점점 할 말이 없어진다. 한밤중 통화 시간도 점점 줄어든다. 사랑은 눈물의 씨앗이라고 했던 유행가 가사가 심금을 울리는 단계로서 '차라리 혼자였던 때가 좋았다'라는 말이 입에서 튀어 나올 수도 있다.

시간이 지나면서 드러나는 상대의 단점은 환상을 내쫓는다. 당황하고 실망한다. 전화로 한바탕 싸운 후, 답답한 마음 부여잡고 눈물로 베갯잇을 적시며 잠드는 날도 종종 생긴다. 싸움이 시작된다. 시시비비를 가리며 누가 더 큰 죄인인지를 판명하기 위해 애쓰지만 그럴수록 사랑은 위기를 향해 갈 뿐이다. 아무리 이야기해도 답이 나오지 않는다. 서로에게 벽이 되어간다.

사랑은 힘든 것이고 상처받는 것이다. 예수님도 우리를 사랑하셨기에 힘든 인생을 사셨고 아파하셨다. 사랑 때문에 아파하는 것은 귀한 일이다. 어떤 이들은 이 시기를 대충 넘기며 회피한다. 그러면 사랑은 더 이상 깊어지지 않고 겉돈다. 결혼을 해도 내적 만족을 주는 친밀함을 경험하지 못하게 된다. 갈등 자체는 죄가 아니다. 관계의 어려움을 솔직히 대화하고 풀어가려는 의지와 노력이 필요하다. 이때 매력이 사라졌다고, 생각했던 사람이 아니라고 쉽게 헤어지고 또 다른 매력적인 상대를 추구한다면 그 사람의 사랑은 성장할 수가 없다.

연애의 한 가운데서 싸움을 두려워해서는 안 된다. 그렇다고 싸우라는 이야기는 아니지만 도무지 감출 수 없는 서로의 한계 속에 드러나는 갈등을 덮는 것은 아주 위험한 선택이다. 나와는 전혀 다른, 이해할 수 없는 그의 생활 습관을 이해하기 위해 그의 성장 배경을 알아가고, 어린 시절 이야기와 가족에 관한 이야기를 좀 더 구체적으로 듣고, 또 들려주어야 하는 시기다. 서로가 살아왔던 환경에 따라 같은 단어를 들어도 해석을 달리 할 수 있기 때문이다.

이렇게 살아온 배경이 다른 두 사람의 인생이 얽히면서 연애는 힘들어진다. 다섯 번째 계절 갈등기는 생각하고 분별하고 노력하고 수고하는 연애가 필요한 시기이다. 이 시기의 갈등을 극복하는 법을 배우게 되면, 비로소 사랑은 자기애에서 이타적인 사랑으로 발전한다. 내가 소유한 사랑만으로는 부족하다. 하나님이 부어주시는 사랑에 의지해 나 자신의 연약함을 넘어 사랑을 해나가야 하는 시기이다.

나를 바꾸지 않고 고집을 피우면서 좋은 연애를 할 수 없다. 남녀는 다르다. 둘 중 한 사람이 틀려서 싸운다기보다 다르기 때문에 싸운다. 서로의 인생을 이해하고 차이를 이해하며 서로를 보듬어가는 사랑을 시작해야 하는 타이밍이다.

### 여섯 번째 계절 _선택기

갈등기의 마무리 단계에서 우리는 여섯 번째 계절인 선택기를 맞이한다. 결정해야 하는 시기다. 결혼과 이별의 사이에 놓인다. 희비가 엇갈리고 천국과 지옥을 오간다. 언제까지나 연애만을 할 수 없는 법, 때가 이르면 선택이라는 것을 해야 한다. 때로 어떤 연인들은 서른을 넘긴 나이에도 기나긴 연애만을 하면서 아무런 선택을 하지 않고 시간을 끈다. 재정적인 이유로 머뭇거리기도 하고 여러 가지 개인적인 사정들로 선택을 보류한다. 하지만 이유 없는 선택 보류는 건강한 관계가 아닐 가능성이 많다. 왜냐하면 이런 경우 두 사람의 연약함이 맞물려 지지부진한 관계를 지속하는 경우가 많기 때문이다. 이기심이 결혼이라는 것을 선택하지 않게 하고, 비겁함이 이별도 선택하지 못하게 한다.

이 계절에는 반드시 이 사람이 정말 내 짝인지 다시 한 번 고민해야 한다. 다시 계산기를 두드리고 미래를 상상해야 한다. 그러나 이 시기에 기억해야 할 것은 '완벽한 상대는 없다'는 것이다. 누군가 결혼생활에서 행복할 수 있는 조건은 상대에게 적응할 수 있는 능력이라고 했다. 상대와 인격적인 사귐이 깊어지고 진정으로 사랑하게 되었다면 결혼을 선택하게 된다.

결국 극복을 하지 못한 커플은 이 시기에 이별을 선택하게 된다. 그런데 가끔씩 '떠날 때는 말없이'를 하는 이들이 계신다. 싸움이 잦긴 했지만, 어느 날 갑자기 "우린 아닌 것 같다"라는 문자메시지 하나 달랑 보내고 잠수를 타신다. 하지만 예수를 믿는 우리는 절대로 그렇게 행동을 해서는 안 된다. 만남에도 뜸을 들일 시간이 필요했다면 헤어질 때도 뜸을 들일 시간이 필요하다. 아무래도 헤어져야 할 것 같은 생각이 든다면 둘 사이의 문제를 공론화하고, 함께하는 것이 서로에게 득이 될 수 없음을 공감해야 한다. 이별의 이유가 분명해져야 미련이 남지 않는다.

그리고 이때에는 이런 고민을 한다. '이 문제가 정말 헤어질 사안인가 아닌가?' 혼자 판단하기는 어렵다. 이럴 때는 주변의 사람들의 충언에 귀를 기울여야 한다. 주변에 신뢰할 수 있는 사람들이 이별을 권고한다면 적극적으로 생각해봐야 한다. 지혜로운 판단 하에 이별을 선택하는 이들의 용기는 정말 아름답다.

### 일곱 번째 계절 _신뢰기

힘겨웠던 갈등기가 지나고 서로에게 적응하고 안착하며 신뢰하는 시기다. 서로를 좀 더 알아가고 정서적인 유대감이 더욱 강해지며 친밀함도 깊어진다. 가끔 동성친구나 남매 같은 착각이 들기도 한다. 서로의 행동 패턴이 대충 그려지는 단계이다.

일곱 번째 계절에 이르면 사랑의 계절은 다시 갈등기로 돌아갈 것이다. 결혼 후에도 갈등기와 신뢰기의 사이클은 무한 반복된다.

이 계절은 서로의 필요를 알아가고 채우기 위해 노력하는 시기로서 이타적인 사랑으로 급성장하는 때이다. 내가 받고 싶은 사랑과 함께 상대가 어떤 사랑을 필요로 하는지 알기 위해 힘쓰고, 그 사랑을 주도록 노력하는 것이 필요하다. 상대가 느낄 수 있는 방식으로 사랑을 표현하는 것을 배우는 시기다. 남자는 여자에게 연인, 응원단장, 엄마, 베스트 프렌드 등의 역할을 해주길 바라고, 여자는 남자에게 영웅이나 따뜻한 친구, 함께 있어 주는 동역자의 역할을 바란다. 결혼을 하면 또 달라질 것이다. 내가 원하는 방식이 아닌 상대가 원하는 방식으로 사랑을 전달해야 한다. 진정한 사랑은 새벽 3시에 깨서 우는 아기를 서로 달래려고 하며, 배우자가 좀 더 잘 수 있게 배려하는 것이라는 이야기를 들은 적이 있다. 이 시기를 통해 이타적인 사랑을 시작한다.

### 아름다운 연애, 우리의 사명

그리스도인이라고 하면서도, 사랑을 우습게 생각하고 연애를 대충 하는 이들을 보면 그렇게 화가 날 수가 없다. 쉽게 만나고 헤어지며, 어제까지 잘 만나다가 무슨 수가 틀렸는지 단박에 상대를 잘라버린다. 양다리도 걸친다. 상대를 사랑하려는 마음도 없다.

사람을 사랑하는 일인 연애는 장난이 아니다. 스위스의 신학자 에밀 브루너는 "현대교회가 직면하고 있는 가장 큰 위기는 결혼과 가정의 붕괴"라고 말했다. 현실이 이런데 그리스도인들이 연애를 대충 감따라 느낌따라 하는 것은 옳지 않다. 결혼이 결혼답지 못한 이 사회 속에서 하나님께서 기뻐하시는 결혼으로 그분의 마음을 시원케 해드려야 한다. 그래서 그 출발점인 연애를 잘 하는 것은 매우 중요하다.

연애의 일곱 계절에 대한 소개는 끝났다. 그대, 부디 사랑의 계절들을 아름답게 수놓아가기를 바란다. 올드미스로서 오랜 시간 연애를 기다려온 당신! 화끈한 연애대신, 제대로 된 연애 한판승으로 결혼으로 골인하기를 진심으로 바란다.